유령이 보낸 암호 편지의 내용이 궁금하지? 직접 풀어 보면 미스터리한 암호 속에 들어 있는 으스스한 내용을 알 수 있을 거야. 단, 이것만 지켜 줘.

· 시험 문제의 답, 암호로 쓰지 않기!
· 암호로 장난 편지 쓰기 않기!
· 암호 푼다고 밤새지 않기!

감수 · 이지연(수학영재교육원 강사 및 초등학교 교사)
2010년 서울교육대학교를 졸업한 후 현재 서울서강초등학교에서 학생들을 가르치고 있습니다.
서울특별시서부교육지원청 영재교육원(수·과학융합, 수학분야) 강사 및 서울특별시 지정 단위학교
수학영재학급 강사로 활동하였고 서울특별시서부교육지원청 영재교육원(과학) 강사로 활동 중입니다.

지음 · 정재은
출판 편집과 방송 작가 등 여러 직업을 통해 얻은 경험을 바탕으로 어린이 작가로 활동 중입니다. 그동안 지은 책으로는
《수학이 궁금할 때 피타고라스에게 물어봐》《똥핑크 유전자 수사대》《해인강 환경 탐사단》《개념 쏙쏙 참 쉬운 수학》
〈스토리텔링 수학〉 시리즈의《게임 수학》《불가사의 수학》《스파이 수학》《바이킹 수학》
《로봇 수학》《드론 수학》 등이 있습니다.

그림 · 김현민
2000년 주간 〈아이큐 점프〉에 '비켜 비켜'를 연재하면서 데뷔하였습니다. 펴낸 책으로는《퀴즈! 과학상식 - 곤충》
〈스토리텔링 수학〉 시리즈의《미로 수학》《캠핑 수학》《게임 수학》《불가사의 수학》《로봇 수학》《드론 수학》등이 있습니다.

2015년 8월 10일 개정판 1쇄 펴냄
2021년 5월 20일 개정판 8쇄 펴냄

지음 · 정재은 **그림** · 김현민
감수 · 이지연(수학영재교육원 강사 및 초등학교 교사)
채색 · 최윤열

펴낸이 · 이성호
펴낸곳 · (주)글송이

편집/디자인 · 임주용, 최영미, 이강숙, 한나래
마케팅 · 이성갑, 윤정명, 이현정, 김병선, 문현곤, 조해준, 이동준
경영지원 · 최진수, 이인석, 진승현, 손가영

출판 등록 · 2012년 8월 8일 제2012-000169호
주소 · 서울시 서초구 능안말1길 1 (내곡동)
전화 · 578-1560~1 **팩스** · 578-1562
홈페이지 · www.gsibook.com

ⓒ글송이, 2015

ISBN 979-11-7018-097-5 74410
       979-11-86472-87-3 (세트)

*이 도서의 국립중앙도서관 출판시도서목록(CIP)은 서지정보유통지원시스템 홈페이지(http://seoji.nl.go.kr)와
국가자료공동목록시스템(http://www.nl.go.kr/kolisnet)에서 이용하실 수 있습니다. (CIP제어번호: CIP2015020497)

수학 암호로 배우는 재밌는 수학

"36829105!"
무슨 말인지 잘 모르겠다고요?
그렇다면 아래 표를 보면서 다시 한 번 생각해 보세요.

미	참	수	등	어	학	과	은	재	있
1	2	3	4	5	6	7	8	9	0

눈치챘나요? 네! 맞습니다. 답은 "수학은 참 재미있어!"랍니다.
간단한 암호 문제이지만, 여기에는 숫자와 글자의 대응이라는
수학 규칙이 숨어 있어요.
그동안 '수학은 참 재미없어. 대체 수학을 왜 배워야 하는 거야?'
이렇게 수학을 재미없고 어렵게만 생각하지는 않았나요?
수학은 재미없고 어렵고 지루한 과목이라고 생각했던 어린이들은
천재가 아닌 안천재, 진짜 천재 지한이, 무서운 척하지만 실은
착한 탐정 유령 등과 함께 다양한 수학 암호들을 해결해 나가
보세요. 《수학 유령의 미스터리 암호 수학》의 마지막 장을
넘길 때쯤에는 수학이 쉽고 재미있는 학문이라는 것을 깨닫게
될 거예요.

수학영재학급 강사 및 초등학교 교사 **이지연**

유령이 보낸 암호를 풀어라!

안천재, 안천재! 어디 있는 거야?
지금 유령 세계가 발칵 뒤집혔어.
일등을 차지하고 싶은 이등 유령이 인간 어린이를 괴롭히겠다고
뛰쳐나갔지 뭐야.
그게 너랑 무슨 상관이냐고?
유령 세계에서 일어난 일을 모른 척하지 마.
이등 유령은 바로 너, 천재를 찾으러 갔으니까.
해괴한 그림이 나타나고, 처음 보는 숫자가 나타나면 바로 연락해.
끔찍한 유령이 보내는 소름 끼치는 암호가 분명하니까.
아! 그렇다고 눈을 감고 오들오들 떨지 마. 눈을 크게 뜨고
유령 암호를 노려보도록 해. 진짜 천재 수학 탐정 유령인
나, 마방진이 도우면 안천재 너의 평범한 머리로도 유령 암호를
얼마든지 풀 수 있으니까.
소름 끼치는 이등 유령을 물리칠 수 있겠지?
어서 눈을 크게 떠. 뾰족하게 깎은 연필을 손에 들어.
그리고 주위를 한번 둘러봐.
공중에 이상한 암호가 나타나면 샤사삭, 단번에 풀어 줄게.

From 수학 탐정 유령

차례

프롤로그
전설의 학교 괴담…9
레오나르도 다 빈치의
암호 노트·15

② **유령**이 보낸
괴상한 **알파벳 암호**
…24
미녀 스파이 마타 하리의
암호·33

④ **유령**이 골라 준
풀린 매듭…44

⑥ 진짜 **천재**를 보호하는
숫자 수수께끼
…63
암호 제조기 에니그마
Vs 암호 해독기 봄브·73

⑧ **부적**의
수수께끼를 풀어라
…84
독 사과를 먹고 죽은
암호 천재 앨런 튜링·93

① **유일등**의 정체를 밝힐
암호를 풀어라…16

③ **13일의 금요일**을
찾는 법…35

⑤ **정사각형**을 굴려
수학 유령을 구출하라
…52

⑦ **미로**를 푸는 **열쇠**!
거울 문자와 **완전수**
…74

⑨ **이등 유령 가족**의
집합 문제…95

10 진짜 천재는 어디로 사라졌을까?
··· 104

해독이 거의 불가능했던 나바호의 암호 · 113

11 기억을 잃어버린 안천재··· 114

12 털보 유령이 보낸 암호 지도··· 123

13 무시무시한 공동묘지의 숫자 삼각형
··· 132

14 무서운 유령을 부르는 부적··· 140

절대로 깨지지 않을 암호 · 151

15 묘비에 적힌 암호를 풀어라··· 153

16 이등 유령의 아빠가 보낸 그림 암호 편지
··· 162

17 수학 유령이 남긴 마지막 암호
··· 170

에필로그
일등이 이등이야? 이등이 일등이야?··· 179

명탐정 셜록 홈즈가 사용한 암호 해독법 · 184

프롤로그

전설의 학교 괴담

D-7일. 기말고사가 7일 남았어. 나는 은근히 기분이 좋아졌어. 기말고사는 내 실력을 보여 줄 최고의 기회니까. 수학에 자신이 붙은 뒤 내게 공부 욕심이 생겼거든. 나는 태권도 학원, 영어 학원을 모두 쉬며 시험공부에 돌입했어. 학교에서도 쉬는 시간과 공부 시간을 가리지 않고 교과서를 읽어 댔지.

"오! 안천재. 일등이라도 할 셈이야?"

이런, 주리한테 내 마음을 들키고 말았군. 순간 아이들의 눈이 모두 내게 쏠렸지. 질투의 눈빛이었냐고? 부러워하는 눈빛이었냐고? 천만에! 잔뜩 겁에 질린 눈빛이었어.

도대체 왜 저런 눈빛으로 쳐다보는 거지?

지한이 넌 좋겠다. 이등 유령이 너한테 안 가고, 천재한테 붙게 생겼네.

주리는 또 이상한 말을 했어. 나는 지한이를 휙 쳐다보았지. 너희, 나만 모르는 비밀을 갖고 있는 거야?

이등 유령은 그냥 이야기일 뿐이야. 과학적으로 설명이 안 돼.

수학 영재로도 모자라 과학 영재, 음악 영재로까지 뽑힌 우리 학교의 자랑 지한이는 또 과학 타령이었어. 나는 과학엔 관심 없지만 유령엔 으스스한 호기심이 들었어.

지한아, 이등 유령이 뭐야?

지한이는 잠시 망설이다 우리 학교에 전해 내려오는 괴담 이야기를 들려주었지.

지금으로부터 수십 년 전, 밝은빛국민학교에 한 아이가 다녔대. 머리도 좋고 공부도 무척 열심히 하는 아이였대. 수업

시간에는 선생님 말씀을 한 마디도 놓치지 않았고, 집에 가서는 숙제를 끝내기 전에 물 한 모금 마시지 않을 정도로 공부에 빠져 있었지. 오늘 배운 것을 복습하는 것은 당연한 일이었고, 예습은 완전 생활이었어. 그렇게 열심히 했으니 당연히 일등이었을 거라고?

안타깝게도 아이는 단 한 번도 일등을 하지 못했어. 밝은빛국민학교에는 천재 소년이 다니고 있었거든.

일등은 언제나 천재 소년 차지였지. 천재 소년은 특히 수학을 잘했어. 1학년 때 6학년 수학 문제를 술술 풀고, 수학책을 만화책 읽듯 쭉 훑어보는데도 내용을 정확히 파악했지. 천재 소년은 늘 엉뚱한 장난을 하고, 시험에 관계없는 책만 읽고, 까불까불 놀았어. 아이는 쉬지 않고 공부만 했고. 하지만 일등은 언제나 천재 소년! 아이가 밤을 새며 공부를 해도

소용없었지.

"도대체 저 녀석, 뭘 먹고 저렇게 똑똑한 거야? 으, 분해! 참을 수 없어!"

아이는 천재 소년에 대한 질투심으로 활활 불타올랐어. 그래서 천재 소년을 괴롭히기 시작했어. 가방에 개구리를 넣고, 도시락에 벌레를 집어넣고, 체육 시간마다 발을 걸어 넘어뜨렸지. 일부러 나쁜 소문도 퍼트렸어. 스트레스를 받으면 성적이 떨어질지도 모르니까.

하지만 무슨 짓을 해도 일등은 천재 소년 차지였어.

아이는 결국 해서는 안 될 짓까지 손을 댔어. 기말고사 전날, 선생님의 책상을 뒤져 시험지를 훔친 거야. 시험 날, 아이는

떨리는 손으로 문제를 풀었어. 전날 정답을 모두 찾아 놓은 터라 식은 죽 먹기였지. 그런데 수학 시험의 마지막 문제가 문제였어. 선생님이 나중에 어려운 문제를 하나 더 냈는데, 도무지 풀 수가 없었지.

아이는 결국 그 문제를 풀지 못했고, 천재 소년은 가뿐하게 풀었어. 시험 결과 일등은 또 천재 소년, 아이는 또 이등. 아이는 너무 속이 상해서 성적표를 북북 찢고 밖으로 뛰어나갔어. 그러다 그만 달려오는 트럭에 부딪혀 죽고 말았어.

그 뒤 아이는 유령이 되어 시험 때면 밝은빛초등학교를 찾아와 4학년 일등을 괴롭히는 유령이 되었대.

"뭐? 지금 나더러 그 이야기를 믿으라는 거야?"

핫핫핫, 나는 큰 소리로 웃었어. 내가 공부를 열심히 하니까 모두 질투를 하는구나! 내가 일등을 할까 봐 견제하는 거야. 유령을 좋아하는 공포의 여왕 주리는 이해할 수 있어. 하지만 내 절친이자 진짜 천재인 진지한까지 겁을 내다니, 내가 정말로 많이 똑똑해지긴 했나 봐.

안타깝지만 친구들, 난 똑똑한 안천재야. 진짜 천재가 될 안천재 님이시라고! 그런 비과학적인 이야기에 겁먹을 바보가 아니라고. 그러니까 겁나면 더 열심히 공부들을

하라고, 알겠어?

　나는 친구들에게 어깨를 으쓱해 보이고는 수학책을 다시 펼쳤어. 순간 교과서 밑에서 쑥 올라오는 검은 그림자……, 그건 나만 봤나?

레오나르도 다 빈치의 암호 노트

레오나르도 다 빈치는 그림, 조각, 건축, 발명품, 수학, 음악 등에 관한 수많은 아이디어를 기록으로 남겼다. 하지만 후세 사람들은 다 빈치가 직접 쓴 노트를 손에 들고서도 다 빈치의 뛰어난 아이디어를 알아볼 수 없었다. 다 빈치가 암호로 기록했기 때문이다.

다 빈치가 즐겨 사용한 암호는 거울 문자이다. 왼손잡이였던 다 빈치는 문장을 오른쪽에서 왼쪽으로 쓴 것도 모자라 글자를 180° 뒤집어서 썼다. 이 글자는 거울에 비춰 봐야 제대로 보이기 때문에 '거울 문자'라고 불린다.

그런데 다 빈치가 한 가지 언어로만 거울 문자를 썼다면 암호 해독이 그리 어렵지 않았을 것이다. 최근 발견된 다 빈치의 기록을 보면, 다른 나라 언어들을 섞어 거울 문자를 만들었기 때문에 해독이 더욱 어려웠던 것이다.

1
유일등의 정체를 밝힐
암호를 풀어라

수학책 밑에서 스윽 올라오는  검은 그림자…….
"으허헉. 뭐얏?"
나는 우당탕 소리와 함께 의자에서 떨어져 엉덩방아를 찧었어. 순식간에 교실은 웃음바다, 나는 창피해서 얼굴이 새빨개지고 말았지. 아무 일도 없었다는 듯 난 얼른 의자에 올라앉아 교과서에 코를 박았어.
"친구, 괜찮아? 쿵 소리가 나던데 엉덩이 안 다쳤어?"
다정하게 묻는 남자 목소리. 하지만 이럴 땐 모른 척해

주는 게 예의라고!

나는 괜찮은 척 고개만 끄덕거렸어.

그런데 누구지? 내 앞자리는 민지인데 남자 목소리니까 민지는 아니고, 지한이는 더욱 아니고. 나는 고개를 번쩍 들었어. 처음 보는 남자애가 민지 자리에 앉아 나를 돌아보고 있었지. 유난히 시커먼 앞머리로 한쪽 눈을 거의 가린 아이가, 유난히 옅은 색의 다른 쪽 눈동자로 나를 빤히 쳐다보고 있는 거야.

"으허헉! 넌 누구냐?"

나는 외마디 비명을 질렀어. 반짝거리는 눈동자가 꼭, 고양이 유령의 눈동자 같았거든.

"나야, 나 유일등. 처음 본 사람처럼 왜 이래?"

처음 봤으니까 그렇지. 유일등? You 1등? 난 이렇게 웃기는 이름도 처음 들어봤고, 이렇게 묘한 분위기의 아이도 처음 봤다고.

"어? 나를 몰라? 벌써 한 학기 동안 너랑 같은

반이었고, 쭉 네 앞에 앉았었는데 어떻게 나를 모르니? 설마 너, 천재라고 나를 무시하는 건 아니지?"

유일등인지 너이등인지 하는 애는 얼음장처럼 차가운 손으로 내 손을 덥석 잡으며 다정하게 물었어. 나는 놀라서 손을 빼며 소리쳤지.

"무슨 소리야? 난 널 처음 봤으니까 모르는 게 당연하잖아. 넌 우리 반이 아니야. 지금 네 자리는 민지 자리야. 안 그래, 민지야?"

나는 교실을 둘러보며 민지를 찾았어. 맨 뒤에 앉아 있던 민지가 고개를 번쩍 들었어.

"맞아. 내가 왜 여기 있지? 내 자리는 거긴데……."

민지는 말을 하다 말고 몸서리를 쳤어. 그러더니 눈이 퀭해져서 기계음처럼 또박또박 어색하게 말을 이었지.

"내 자리는 여기야. 거기는 유일등의 자리야."

"거 봐."

유일등이 의기양양하게 말했어.

"말도 안 돼. 넌 우리 반이 아니야. 안 그러냐, 지한아?"

지한이는 유일등을 쳐다보았어. 유일등은 옅은 눈동자로 지한이를 빨아들일 듯 쳐다보았어.

"음, 유일등, 미안하다. 내가 친구들한테 관심이 좀 없었나 봐."

지한이는 유일등에게 손을 내밀었어. 유일등은 흐흐흐 웃으며 지한이랑 악수를 했어. 그 순간 이상하게 어둡고 차가운 기운이 발끝으로 올라와 온몸을 뚫고 머리끝으로 빠져나갔지.

"아니야. 넌 우리 반도 아니고, 내 친구도 아니고, 다 아니야. 썩 꺼져, 꺼지라고!"

나는 온 힘을 다해 소리쳤어. 내 목소리가 장풍이 되어 유일등을 날려 버리길 바라며 말이야.

"천재야, 교실에서 왜 소리를 지르니?"

마침 교실로 들어온 선생님이 물었어. 난 손가락으로

유일등을 가리키며 소리쳤지.

"선생님, 쟤가 유일등라는 앤데, 우리 반이래요. 아니죠? 선생님도 오늘 처음 보셨죠?"

선생님은 유일등을 보며 고개를 저었어. 분명히 모르겠다는 표정이었지. 유일등인지 유꼴찌인지 이 녀석, 이제야 정신을 차리겠지?

"유일등? 넌 아무래도 반을 잘못 찾은……."

선생님이 갑자기 온몸을 부르르 떨었어.

"……게 아니라 천재 이 녀석, 못됐구나. 한 학기가 거의 지났는데 친구도 몰라봐? 예끼!"

선생님은 오히려 나를 혼냈어. 이런, 억울의 백 배만큼 분하고 억울할 데가!

"자, 모두 자리에 앉아. 수학 수업 시작하자."

선생님은 교과서를 펼치고 칠판에 문제를 적기 시작했어. 그러다 문득 뒤를 돌아보며 물었지.

"근데 지한이 옆이 민지 자리 아니었니?"

"아닙니다. 제 자리입니다."

유일등이 천연덕스럽게 말했어.

"그래? 민지는?"

맨 뒤에서 민지가 손을 들었어.

"민지는 키도 작은데 왜 뒤에 앉았지?"

선생님은 이마를 찌푸렸어.

"유일등인지 뭔지 하는 애가 갑자기 나타나 민지 자리를 빼앗은 거예요. 저 수상한 녀석을 당장 쫓아 버리세요!

나는 다시 한번 말했어. 하지만 선생님은 나만 혼냈고, 다른 아이들도 친구를 무시한다며 나를 비난했어. 모두 유령에라도 홀린 것처럼 유일등이 우리 반이라고 하는 거야. 진실을 말하는 나만 나쁜 아툴이가 되고 말았지.

나는 조용히 자리에 앉아 유일등의 등을 노려보았어. 그때 유일등의 등에 글자가 적힌 표가 떠올랐어. 글자는 물

위에 떠 있는 것처럼 흔들거리며 나를 불렀어. 나는 알 수 없는 힘에 이끌려 표를 옮겨 적었어.

사	유	일	혼	등	면	을	죽	위	필
1	2	3	4	5	6	7	8	9	10
조	험	심	낭	정	해	하	법	라	일
11	12	13	14	15	16	17	18	19	20

수학 시간 내내 머리를 싸매고 표를 들여다보았지만 무엇을 말하는지 알 수 없었어. 수업이 끝난 뒤 나는 지한이에게 표를 보여 주었어.

"이건 유일등의 정체를 밝힐 수 있는 암호일 거야. 그러니까 유일등 등에 적혀 있었지."

진짜 천재 지한이는 암호를 금세 풀어 주겠지? 그런데 지한이가 고개를 절레절레 젓지 뭐야.

"천재야, 난 같은 반 친구를 모함하는 데 끼고 싶진 않아."

그 순간 빠지직, 우리 우정에 금 가는 소리.

절친 지한이는 내가 유일등한테 당하는 걸 뻔히 보고서도 내 편을 들어주지 않겠대. 나는 삐쳐서 홱 돌아섰어. 진지한, 다시는 너랑 말도 안 할 거야.

그때 삐친 내 뒤통수에 대고 지한이가 중얼거렸어.

"소수……가 생각나긴 하네."

지한이랑 말을 안 할 거라고 지한이가 준 힌트까지 무시할 필요는 없겠지? 나는 '소수, 소수, 소수'를 되뇌며 집으로 돌아갔어. 그런데 누가 자꾸 나를 쳐다보는 느낌이 들었어. 아주 기분 나쁜 눈초리로 말이야. 뒤를 홱 돌아볼 때마다 검은 고양이 한 마리도 보이지 않았지만 분명 느낄 수 있었지. 어쩐지 내 인생에 어두운 그림자가 날아든 것 같은 느낌?

암호 키가 소수인 암호를 해독하려면?

힌트가 '소수'라고? 암호를 풀 때 결정적인 역할을 하는 것을 암호 키라고 하는데, 여기서의 암호 키는 바로 소수야. 소수라고 하면 0.2나 0.53과 같은 수가 떠오르지? 하지만 여기서 말하는 소수는 1과 자기 자신만을 약수로 하는 수야. 2는 1과 2만을 약수로 하기 때문에 소수이고, 4는 1, 2, 4를 약수로 하기 때문에 소수가 아니지. 소수가 아닌 자연수는 '합성수'라고 해. 글자 아래에 쓰여진 수 중 소수 자리에 해당하는 글자들을 모아 봐.

사	유	일	혼	등	면	을	죽	위	필
1	2	3	4	5	6	7	8	9	10
조	험	심	낭	정	해	하	법	라	일
11	12	13	14	15	16	17	18	19	20

이제 알았지? 암호의 내용은 '유일등을 조심하라'야.

2

유령이 보낸
괴상한 알파벳 암호

'유일등을 조심하라!'
두루뭉술하게 생긴 유령이 내 귀에 대고 속삭였어. 소름 끼치게 차갑고 날카로운 유령의 숨결. 나는 눈을 번쩍 떴어. 생각할수록 기분 나쁜 꿈이었어.

학교에 가는 동안 나는 눈을 부릅뜨고 빨간 차를 찾았어. 나쁜 꿈을 꾼 날에는 꼭 빨간 차를 봐야 해. 빨간 차를 보면 하루 종일 운이 좋거든. 그런데 빨간 차는 한 대도 못 보고 장례식 차만 두 대나 보고 말았지 뭐야. 장례식 차를 보면 운이 진짜 나쁜데.

지한이는 차 색깔로 하루의 운을 점치는 건 비과학적이라며 믿지 않아. 운이라는 것 자체가

비과학적이라나? 하지만 난 세상이 완전 과학적으로 돌아간다고 생각하지 않아. 과학적이라면, 세상 모든 일을 다 이해할 수 있어야 하는데 난 이해 안 되는 일이 아주 많아. 특히 엄마 기분 같은 거! 변덕이 너무 심해서 절대 이해할 수 없지.

  아무튼 난 오늘 하루는 정말, 발조심, 몸조심, 가방 조심, 친구 조심. 모든 것을 조심해야겠다고 생각했어. 나는 평소보다 더 살금살금 학교 복도를 걸어가 신발장 앞에서 실내화를 갈아 신었어. 그런데 운동화를 신발장에 넣으려고 허리를 숙이는 순간, 누가 와서 내 가방에 부딪혔어.

  "누구야?"
  "어, 미안해."

유일등이 실실 웃으며 말했어. 분명 웃는 얼굴에, 미안하다고 사과까지 하는데 왜 약이 오르지?

"조심해."

나는 장례식 차를 떠올리며 조용히 교실로 들어갔어. 유일등이 나를 따라오며 큰 소리로 떠들었어.

"미안해, 천재야. 정말 미안해. 내가 이렇게 사과를 하니까 화를 좀 풀어 줘. 실수로 널 밀치다니 정말 미안해. 내가 좀 더 주의를 기울여야 했어. 천재야, 너 설마 공부 잘한다고 나 같은 애의 사과는 안 받아 주는 거 아니지?"

유일등은 나를 쫓아오며 계속 사과라는 걸 해 댔어. 다른 아이들에게 나를 '별일도 아닌데 사과도 안 받고 친구를 무시하는 비열한 애'로 보이게 하는 이상한 사과. 나를 곤란하게 하려고 일부러 그러는 것 같은 이상한 사과.

더는 참을 수가 없었어. 난 참을성이 별로 없다고. 나는 버럭 소리를 질렀어.

"알았다고, 알았다는데 왜 이래? 누가 무시했다고 그래?

여기서 공부 얘긴 왜 나와? 왜 나를 이상한 사람으로 만드냐? 진짜 이상한 건 너야. 알지도 못 하는 애가 갑자기 우리 반이라고 나타나 가지고. 너, 눈동자도 이상한 거 알아? 희끄무레한데 꼭 고양이 유령 같다고. 알아?"

 화가 나서 막 쏟아부어 놓고 나는 곧바로 후회했어. 특히 고양이 유령 이야기는 하지 말았어야 했어. 유일등이 파랗게 질려 바들바들 떨었거든. 그 모습을 보고 우리 반 의리파 주리가 어쨌겠냐?

"안천재. 너, 진짜 나쁘다. 사람 외모 보고 뭐라고 하는 거 아니야! 누가 너더러 아줌마 파마머리라고 하면 좋냐? 일등이에게 사과해. 당장!"

 주리는 벌떡 일어나 유일등 편을 들었어. 유일등은 몸을 잔뜩 웅크리고 훌쩍였지. 하지만 나는 보았어. 유일등의 한쪽 입꼬리가 살짝 올라간 것을. 훌쩍이는 건 쇼이고, 사실은 웃고 있는 거야. 나를 골탕 먹이려고. 그렇지만 주리는 내 말을 안 믿어 줄 거야. 이건 정말 장례식 차 백

대의 악몽이야.

나는 입을 꾹 다문 채 털썩 주저앉았어.

"주리야, 괜찮아. 내가 부딪혔으니까 내가 잘못한 거지. 천재는 잘못 없어."

유일등은 끝까지 착한 척하며 아이들을 속였어. 으으으! 속에서 뜨거운 용암이 솟아올랐지만 참아야지, 참아야 하느니라.

"어머, 일등이 너 정말 착하다. 이렇게 괜찮은 애가 우리 반이었다는 걸 지금까지 왜 몰랐지?"

그래, 주리도 지금까지 유일등을 모르고 있었어. 그러니까 저 수상한 녀석은 느닷없이 우리 반으로 떨어져서 모두를 홀린 거야. 설마 저 녀석, 꼬리가 달린 구미호?

아참참참참. 나는 머리를 절레절레 흔들었어. D-6일. 기말고사가 6일밖에 안 남았잖아. 유일등이 구미호가 아니라 유령이라 해도 시험 전 비상사태 기간을 저런 녀석에게 뺏길 수 없지. 나는 얼른 사회책을 펼쳤어. 그런데 사회책을 가득 메운 영어 단어. DELPQ, DELPQ, DELPQ, DELPQ……. 도대체 이게 뭐야? 내 책에 유령이라도 붙은 거야? 나는 책을 탈탈 털어 보았어. 뜻도

알 수 없는 알파벳들이 우수수 떨어지기라도 할 것처럼.
"뭐야? 도대체?"

나는 아빠한테 물려받은 휴대 전화를 열었어. 학교에서는 휴대 전화 금지지만 영어 사전만 살짝 열어 보면, 뭐. 그런데 사전에 'DELPQ'라는 단어는 없었어.

"자, 수업 시작하자. 오늘은 로마의 영웅에 대해 알아보기로 했지? 꽃바람 모둠은 시저에 대해 발표한다고?"

꽃바람 모둠은 우리 모둠이야. 난 지난주에 함께 준비했던 발표지를 꺼내려고 가방을 열었어.

없다!

분명히 아침에 가방에 넣었는데 발표지가 없다.

나는 가방을 뒤지고, 뒤지고, 또 뒤졌어.

"천재야. 뭐 안 가져왔니? 나한테 있는 거면 빌려줄게."

유일등이 실실 웃으며 물었어. 유일등을 수학적으로 표현하자면 마이너스, 음수(0보다 작은 수)야. 웃는 모습조차 기분 나쁘거든. 나는 입을 꾹 다문 채 가방을 뒤집어 탈탈 털었어. 그래도 발표지는 나오지 않았어. 우리 모둠 대표 주리는 하는 수 없이 발표지 없이 발표를 했어. 우리 모둠은 가장 낮은 점수를 받았지.

"안천재, 이게 다 너 때문이야."

주리는 처녀 귀신보다 더 무서운 눈으로 나를

노려보았어. 모둠의 다른 친구들도 눈으로 레이저를 쏘아 댔지. 으으으, 이게 다 장례식 차의 불운 때문이겠지? 나는 사회책에 머리를 묻고 괴로운 숨을 내쉬었어.

그때 또 눈에 띈 영어 단어. DELPQ. 문득 우리가 조사한 시저 암호가 떠올랐어. 시저는 로마 황제였는데, 믿었던 부하 부루투스에게 암살되었어. 그런데 죽기 전에 암호 메시지를 하나 받았다고 해.

'QHYHUWUXVWEUXWXV'

무슨 뜻인지 전혀 모르겠다고? 시저 암호는 전하려는 글자를 세 칸 앞이나 두 칸 앞 또는 세 칸 뒤나 두 칸 뒤 등의 글자와 대응시켜 암호화하는 거야. 예를 들어서 D를 A로, E를 B로, F를 C로 바꿔 쓰는 것이지. 이 방법을 응용해 암호를 풀면 'NEVER TRUST BRUTUS' 즉, 절대로 부르투스를 믿지 말라는 뜻이야. 시저 암호를 응용해 'DELPQ'를 풀어 보면?

고스트. 유령?

쳇! 우주여행을 떠나는 최첨단 21세기에 웬 유령 타령?

 핫핫핫. 너무 고리타분해서 우습지도 않아. 누군가 나를 놀리려고 이런 짓을 하는 게 분명했지. 그 누군가는 공포의 여왕 주리? 하지만 발표지가 사라지면 주리도 손해를 보는데.
 그럼 혹시 보기만 해도 기분이 마이너스 되는 유일등? 유일등이 나한테 왜? 머리로는 이유를 찾을 수 없었지만 내 직감은 이미 유일등을 범인으로 확신했어. 유일등 기다려라, 나도 당하고 있지만은 않겠어. **눈에는 눈, 이에는 이!**

시저 암호를 응용해 암호를 푸는 방법은?

시저 암호는 일정한 규칙에 따라 글자를 비켜 쓰는 암호야. 즉, 알파벳에서 일정한 거리의 다른 글자와 대응해 만든 암호를 말하지. 시저 암호를 응용해 'DELPQ'를 풀어 봐.

D E F G H …… L M N O P Q R S T
D E F G H …… L M N O P Q R S T

3칸씩 뒤로 밀어 대응하는 알파벳으로 다시 써 보면, 원래 전하려던 단어 GHOST를 암호로 적어 놓았다는 걸 알 수 있어. DELPQ는 GHOST, 바로 '**유령**'이야.

미녀 스파이 마타 하리의 암호

　제1차 세계대전 당시 프랑스 파리에 '마타 하리'라는 아름다운 댄서가 활동했다. 마타 하리는 뛰어난 외모와 춤 솜씨로 군인들에게 인기가 높았다. 그런데 알고 보니 마타 하리는 프랑스 장교들에게 빼낸 비밀 정보를 독일군에게 전하는 독일군 스파이였다.
　마타 하리는 원판 암호로 아무도 모르게 비밀 정보를 전달했다.

　마타 하리의 원판 암호는 음표에 알파벳을 하나씩 대응시킨 것으로 보통 사람들이 보면 악보처럼 보였다. 하지만 음악가가 그 암호 악보를 보면 일반적인 악보가 아니라는 것을 알아차릴 수도 있었다.

3
13일의 금요일을 찾는 법

 그날 밤, 시험공부에 1분 1초가 아까울 시간에 나는 부르르 떨며 복수를 계획했어. 유일등에게 내가 받은 것과 똑같은 무시무시한 암호 메시지를 보내 주기로 했지. 유일등도 나처럼 머리 싸매고 암호를 풀라고 말이야. 끔찍하고 무시무시한 암호를 보고 벌벌 떨라고 말이지. 어떤 내용이 좋을까? 으스스하기로는 역시 13일의 금요일이 최고지?

 나는 유일등에게 13일의

금요일 밤 12시에 운동장에서 만나자는 메시지를 보내기로 했어. 근데 13일의 금요일이 언제지? 달력을 뒤져 보니 1월은 아니고, 2월도 아니고…… 4월, 4월 13일이 금요일이었어. 그런데 4월 13일은 벌써 지났잖아. 나는 4월 13일에 빨간 동그라미를 그리며 고민에 빠졌지. 그 순간 달력에서 먼지가 폴폴 올라왔어. 그러더니 동글동글하고 작은 유령들이 엄청나게 쏟아져 나왔지.

"으허헉! 뭐야?"
"안녕! 안녕! 안녕! 우릴 알아줄 사람을 찾고 있었어."
"맞아. 그동안 달력에 갇혀 심심해 죽는 줄 알았네."

동그란 먼지 방울처럼 생긴 유령들이 종알종알 떠들었어. 켁켁, 기침이 나고 숨이 막힐 것 같았어. 또 꿈인가? 몸이 약해졌는지, 현실 같은 꿈을 너무 자주 꾸네. 꿈이라도 일단 유령들은 쫓아

버려야지.

"너희 뭐야? 썩 꺼져."

먼지 방울들은 꺼지기는커녕 내 눈 앞으로 바짝 날아와 빙글빙글 돌며 말했어.

"우린 요정 유령들이야. 13일의 금요일에 놀려 줄 사람을 찾고 있었는데, 네가 딱 우리를 불러냈잖아."

"맞아, 13일의 금요일에 누굴 놀린다고?"

"누구를 기절시키고 싶다고? 아이, 좋아! 좋아!"

아이고! 기절은 내가 하고 싶네. 나는 두 손을 휘저으며 먼지 방울인지 요정 유령인지 하는 것들을 쫓았어.

"썩 꺼져라! 악몽아, 사라져라!"

그러나 요정 유령들은 사라질 생각은 하지 않고 오히려 내 몸에 달라붙었어. 내 머리에, 내 눈썹에, 내 어깨에, 내 손등에, 내 발가락에 붙어서 간질간질 몸을 비벼 댔지. 꿈이라 하기엔 진짜처럼 너무 간지러웠어.

"새삼스럽게 왜 그래? 넌 유령의 절친이잖아."

"사실은 우리 유령들이 그리웠지?"

요정 유령들은 마치 내가 유령을 좋아하는 것처럼 말했어. 이런 말도 안 되는 소리! 유령을 좋아하는 초등학생이 어딨어? 아, 우령, 드라큘라, 귀신을 만나는

게 꿈인 주리가 있구나. 하지만 나는 절대 아니라고!
 "넌 마방진의 절친이잖아. 우리도 다 알아."
 "마방진? 그건 수학에서 나오는 숫자 놀이잖아. 내가 수학을 좀 하지만 그게 무슨 상관이야?"
 "마방진이 수학에서 나와? 어쩐지 수학 잘한다고 되게 뽐내더라, 그 유령."
 요정 유령들은 알 수 없는 말을 종알거리며 내 방 구석구석에 자리를 잡았어. 전등갓 위에, 책꽂이 꼭대기에, 침대 구석에, 장롱 위에, 책상 위에 먼지처럼 차곡차곡 내려앉았지.
 "괜찮아, 천재야. 네가 마방진의 절친이든 절교든 상관없어. 중요한 건 우리가 한 팀이라는 것이지."
 악몽은 점점 심각한 지경에 이르렀어. 그냥 요정도 아니고, 그냥 유령도 아니고, 요정이 죽어서 된 유령과 인간 어린이인 내가 한 팀이라고? 난 꿈에서 깨어나려고 내 볼을 막 꼬집었어. 무지하게 아팠지만 꿈은 계속되었어. ㅇㅇㅇ.
 요정 유령들은 유일등에게 보낼 메시지를 제멋대로 만들어 빨간 핏빛 글씨로 무시무시하게 썼어. 내가 봐도 섬뜩했어.

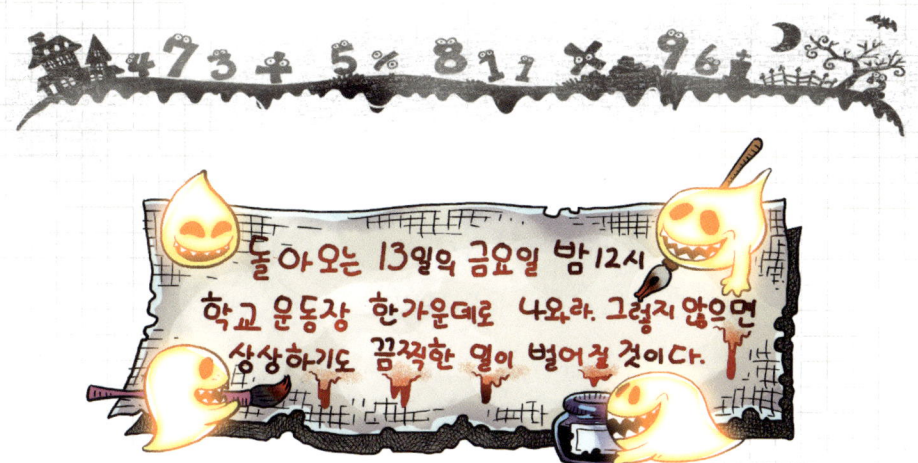

"자, 어서 가자. 무시무시한 편지를 전해 주자."
요정 유령들은 한 뭉치의 먼지가 되어 내 등을 떠밀었어.
"지금은 밤이라고. 학교는 내일 아침에 가는 거야."
"밤이라고, 지금이? 밖을 봐."

창문을 열어 보니 정말로 밖이 환했어. 한숨도 안 잔 것 같은데 언제 아침이 된 거지? 나는 요정 유령들에게 떠밀려 방 밖으로, 현관으로 밀려갔어. 아침밥은커녕 세수도 하지 못한 채 말이야.

"천재야, 왜 벌써 가? 밥 먹고 가."

엄마가 소리쳤지만 나는 대답도 못 하고 학교로 끌려갔지. 조그만 요정 유령들이 힘은 엄청 세더라고!

너무 이른 탓인지 교실은 텅 비어 있었어.

"어디야, 어디? 이 무시무시한 편지, 누구한테 보내는 거야?"

나는 유일등의 자리를 가리켰어.
요정 유령들은 유일등의 자리로
신나게 날아갔어. 그런데 유일등의
자리 위에 서자마자 투두둑 바닥으로
떨어지고 말았지.

"으으, 어둠의 기운이다."

"으악, 나쁜 유령이다. 우린 버틸 수
없어."

요정 유령들은 괴로운 비명을 지르며
유일등의 자리에서 주춤주춤 물러났어.

"뭐야? 신나게 날아올 땐 언제고 왜들 그래?"

나는 요정 유령들이 떨어뜨린 핏빛 암호 메시지를
유일등의 책상 위에 척 올려놓았어. 아무 일도 없었어.
하지만 요정 유령들은 계속해서 호들갑을 떨었어.

"아악, 물러나! 조심해!"

빽빽 소리치고 부들부들 떨면서 말이야.

"안천재, 몸조심해. 유령의 절친이라 특별히 알려주는
거야, 응?"

"겨우 초등학생인데 나쁜 유령에게 홀리다니! 쯧쯧쯧."

요정 유령들은 데굴데굴 교실 밖으로 굴러 나가며

끝까지 알 수 없는 말들을 종알거렸어. 나는 진짜로 유령에 홀린 사람처럼 멍하니 서 있었지.

조금 뒤 유일등이 들어왔어.

"이게 뭐야? 네 짓이냐, 안천재?"

유일등이 핏빛 메시지를 흔들며 물었어. 다른 아이들에게는 이상할 정도로 친절한 유일등. 하지만 나랑 단둘이 있을 때는 무서울 정도로 차가운 녀석. 나는 그저 고개를 저었지.

"13일의 금요일? 쳇, 그건 서양 귀신들한테나 무서운 거지. 차라리 죽을 사(死) 자가 더 무섭지. 근데 돌아오는 13일의 금요일이 언제지? 구경 삼아 운동장에 한번 나가 봐야겠는데?"

유일등은 나를 보며 실실 웃었어. 메시지를 보낸 사람이 나라고 확신하는 거야. 나는 아닌 척 시치미를 똑 뗐어.

"무슨 소리야? 13일의 금요일이라니! 참고로 말하면 난 금요일 안 좋아해. 내가 좋아하는 요일은 토요일이야."

거짓말을 하려니 내 입에서는 헛소리가 흘러나왔어. 에잇, 이러다 유일등이 내 짓이라는 걸 눈치 채겠네. 나는 유일등의 매서운 눈빛을 피해 자리에서 일어났어.

"이런, 교과서를 사물함에 뒀나?"

나는 교과서를 찾는 척하며 교실 뒤쪽으로 갔어. 사실은 뒤쪽 게시판에 있는 달력을 보기 위해서였지. 한 손으로 달력을 넘기는데, 글쎄 달력이 찢겨져서 5월부터는 첫째 주만 겨우 볼 수 있는 거야. 유일등의 따가운 시선 때문에 그 앞에 오래 있을 수가 없었지. 에잇, 이럴 줄 알았으면 평소 다이어리라도 가지고 다닐걸.

돌아오는 13일의 금요일은 언제일까?

4월 달력을 보면, 금요일이 6일, 13일, 20일, 27일 순으로 일정하게 7일씩 차이가 나는 것을 알 수 있어. 어떤 규칙에 따라 차례로 나열된 숫자들을 '수열'이라고 하는데, 이렇게 숫자끼리의 차이가 일정한 수열을 '등차수열'이라고 해. 달력엔 이런 수학적 원리가 숨어 있지.

천재가 본 찢어진 5월 달력이야. 첫째 주 금요일부터 7씩 더하면 5월의 금요일은 4일, 11일, 18일, 25일인 걸 알 수 있어. 그러면 5월 13일은 일요일이지.

7월을 계산해 볼까? 6일, 13일, 20일, 27일! 다음에 돌아오는 13일의 금요일은 7월에 있다는 것을 금방 알 수 있어.

유령이 골라 준
풀린 매듭

    기분이 꿀꿀할 땐 먹어 주는 게 최고지. 점심시간 종이 땡 울리자 난 급식 줄의 맨 앞에 섰어. 하필이면 오늘의 급식 도우미는 유일등. 음, 예감이 좋지 않아. 밥맛이 뚝 떨어지면 어쩌나? 그럼 반찬 맛으로 먹지, 뭐. 오늘의 반찬은 내가 좋아하는 치킨에 어묵 국이니까.
  "천재야, 맛있게 먹어."
  유일등이 생글생글 웃으며 어묵 국을 퍼 주었어. 분명 웃고 있는데 등골이 서늘해지는 까닭은 뭘까? 내가 너무 예민해진 건가?
  나는 고개를 갸웃거리며 내 자리로 돌아왔어. 고소한

치킨 냄새가 콧구멍을 솔솔 간질였어.

"좋아! 기분 좋게 먹어 보자."

제일 좋아하는 치킨은 맨 나중에. 나는 먼저 국을 한 가득 떠서 입에 넣었어. 근데 국에 든 건더기를 막 씹는 순간, 어금니가 깨질 듯한 고통이 느껴지지 뭐야.

"으어헉, 이게 뭐야?"

뱉어 보니 국에 검정콩만 한 돌멩이가 들어 있었어.

"누가 국에 돌을 넣었어?"

나는 유일등을 노려보았어. 유일등은 걱정스러운 표정으로 달려왔어.

"국에 돌이 들었어? 어쩌다 그런 일이. 괜찮니?"

나는 일등이의 손을 탁 쳤어.

"됐어. 저리 가."

입맛이 뚝 떨어져서 더는 먹을 수 없었어. 하지만 일등이는 내 식판을 잡고 놓지 않았지.

"조금만 더 먹어, 천재야. 이렇게 그만 먹으면 급식 도우미인 내가 너무 미안하잖아. 응? 조금 더 먹어 봐."

일등이는 너무나, 지나치게 친절하게 말했어. 반 아이들이 모두 나를 쳐다보았지. '착한 일등이가 저렇게 미안해 하는데 설마 모른 척하진 않겠지?' 하는 표정으로.

일등이는 구미호가 변신한 게 틀림없어.

교묘하게 나를 나쁜 사람으로 만들잖아.

"그래, 천재야. 조금 더 먹어. 이따 체육 시간도 있는데 배고플걸."

지한이도 나를 달랬어. 나는 도로 앉아 숟가락을 들었어. 더 먹기로 한 것은 순전히 내 친구 지한이 때문이야, 유일등 때문이 아니라고! 나는 못마땅한 표정으로 일등이를 노려보며 치킨 조각을 들어 올렸어.

꺄아아악. 그 순간 교실에 퍼지는 여자 아이들의 비명. 치킨을 기어오르는 바퀴벌레. 우웩! 나는 치킨을 내던지고 교실 밖으로 뛰쳐나갔지.

도대체 무슨 일이지? 오늘은

장례식 차를 한 대도 안 봤는데 왜 나쁜 일이 한꺼번에 생기는 거야? 순간 비실비실 웃는 유일등의 모습이 떠올랐어. 하지만 유일등이라는 증거는 없잖아.

"천재야, 이거라도 좀 먹어."

지한이가 빵을 내밀었어. 역시 절친밖에 없구나. 입맛은 없지만 맛있게 먹어 줄게. 나는 우걱우걱 빵을 먹기 시작했어. 그때 등장한 공포의 여왕 주리. 주리는 고개를 저으며 나를 바라보았어. 혀를 쯧쯧 차고, 검지 손가락을 치켜들어 살살 흔들었지.

"뭐냐, 너!"

나는 주리에게 버럭 소리를 질렀어.

"내 생각엔 말이야, 여기 유령이 있어. 천재 너를 노리는 유령이."

주리는 유령이 들으면 안 된다는 듯이 소곤거렸어. 순간 엉덩이 가운데 골에서 스멀스멀 거미가 기어가는 느낌이 들었어. 하지만 난 애써 아무렇지도 않은 척 말했지.

"말도 안 돼."

그러나 빵을 더 먹을 순 없었어. 빵 맛이 멀리 달아나 버렸거든.

"그럼 너한테 일어나는 불행한 사건들을 어떻게

설명할래?"

"그건, 그건 그냥 운이 나빴어."

"아니지. 넌 지금 이등 유령의 표적이 된 거야. 이등 유령 이야기에 보면 도시락에서 벌레가 나오고, 체육 시간에 넘어지고, 나쁜 소문에 시달리잖아. 네 급식에서 벌레가 나왔고, 넌 잘 모르지만 여자 화장실에 나쁜 소문도 적혀 있어. 네가 수학경시대회 때 지한이 답안지 베껴서 잘 봤다고 말이야. 이제 체육 시간에 넘어지기만 하면……."

주리의 목소리는 점점 잦아들었어. 나를 공포에 떨게 하려는 게 분명해. 하지만 주리야, 난 학교 괴담의 주인공이 되고 싶은 생각은 눈곱만큼도 없거든.

"아니거든."

"맞거든. 한번 점쳐 볼래?"

주리는 툭 하면 점을 쳐 보자고 했어. 자기 할머니가 유명한 무당이었다며 동전, 화장지, 나무젓가락 따위를 가져와 흔들어 대곤 했지. 하지만 주리 할머니는 무당이 아니었어. 우리 동네 시장에서 한복집을 했다고. 그 한복집 단골손님이 무당이었다면 몰라도.

"오호호호! 오호호호! 자, 이 매듭을 보고 풀어지지 않는 매듭을 골라 봐. 네가 맞추면 여기 유령이 없는 거야. 이등 유령이 있다면 널 방해해서 틀리게 할 테니까."

나는 매듭을 뚫어져라 쳐다보았어. 하지만 잘 모르겠어.

"모르겠어? 역시 유령이 네 곁에

있구나. 유령이 널 방해해서 맞출 수가 없는 거야."
"아니야."

아니라는 걸 증명하기 위해 나는 아무거나 골라 확 잡아당겼어.

그런데 풀린 매듭이었어. 아, 역시 난 학교 괴담의 주인공인가!

아니야, 아닐 거야. 난 학교 괴담의 주인공이 아닐 거야. 난 아직 체육 시간에 넘어진 적은 없잖아. 그리고 체육 시간에는 늘 치타처럼 잘 뛰어다녔잖아.

하지만 내 희망은 곧 물거품처럼 사라졌어. 다음 체육 시간에 나는 누군가의 발에 걸려 넘어지고 말았거든. 나는 너무 억울하고 기가 막혔어. 우우우우, 나는 운동장에 주저앉아 늑대처럼 울부짖었어. 나 정말 밝은빛초등학교 괴담의 주인공인 거니? 이등 유령은 어디 숨어서 나를 이렇게 괴롭히는 거니? 이등 유령의

괴롭힘에서 벗어날 방법은 도대체 뭐니? 방법 좀 알려 줘.
이대로 유령의 밥이 될 순 없다고!

풀린 매듭을 어떻게 찾을까?

친구들과 실뜨기를 해 본 적 있니? 실뜨기를 할 때는 실이 복잡하게 뒤엉키지만 놀이를 끝내고 한쪽을 잡아당겨 살살 풀어 보면 원래의 원 모양 형태로 쉽게 풀려. 실뜨기는 풀린 매듭(원형 매듭)이기 때문이야.

이번에는 긴 줄의 양 끝을 한번 묶어 볼래? 이때에는 한쪽을 잡아당겨도 원래의 긴 줄 형태로 풀리지 않고 오히려 단단하게 묶일 거야. 이런 매듭은 가위로 가운데를 자르지 않으면 풀 수가 없지. 이런 형태의 매듭은 풀린 매듭(원형 매듭)이라고 할 수 없어. 실뜨기의 실처럼 풀린 매듭(원형 매듭)을 찾으려면, 각 매듭을 3차원의 공간에서 앞뒤로 움직여 봐. 아래 그림처럼 이 매듭을 3차원의 공간에서 앞뒤로 움직이면 실이 풀려서 원이 되지? 수학에서 말하는 풀린 매듭이야.

정사각형을 굴려
수학 유령을 구출하라

내가 죽으면 누가 가장 슬퍼할까? 당연히 엄마겠지. 그렇다면 내게 닥친 심각한 문제를 엄마한테 털어놔야 해. 엄마가 충격을 받을까 봐 걱정되긴 했지만 난, 내 문제를 솔직히 털어놓기로 했어.

"엄마, 나, 죽을지도 몰라."
"어, 알았어."
뭐야? 아들이 죽을지도

모른다는데, 엄마는 드라마에 나오는 젊고 잘생긴 연예인 형을 쳐다보느라 건성으로 대답만 하잖아? 가슴속에서 뜨거운 불덩이가 울컥 솟아올랐어. 나는 텔레비전 전원을 확 꺼 버렸어.

"천재야! 엄마 보고 있잖아."

"지금 그게 문제야? 나, 죽을지도 모른다고. 그럼 다시는 엄마 못 볼 수도 있다고."

"뭐? 왜? 너, 어디 아파?"

"아니. 나, 학교 괴담의 주인공이 된 것 같아. 이등 유령이 나를 괴롭히러 올 거야. 며칠 전에도 요정 유령이 나타났고, 또 점을 쳤는데 유령이……."

엄마가 내 이마에 손을 턱 올려놓았어. 아! 엄마 손이 이렇게 따뜻했구나. 감동의 눈물이 찔끔 나오려는 순간, 엄마는 따뜻한 손으로 찰싹 내 이마를 때렸어.

"엄마!"

"왜? 헛소리 더 하려고? 유령이 어딨냐, 유령이. 얘가 밥 잘 먹고 헛소리하고 있어. 시험도 얼마 안 남았는데 얼른 가서 공부나 해."

엄마는 내 등을 떠밀어 방으로 집어넣었어. 그러고는 다시 드라마를 틀었지. 잘생긴 형의 목소리가 방 안으로

파고들었어. 내 가슴속에는 서러움이 물밀 듯이 밀려왔지. 엄마도 나를 믿지 못하면 정말로 이등 유령이 나를 괴롭혀도 도와줄 사람이 하나도 없겠구나. 으허허헝.

"나 있잖아아아. 그러니까 여기서 꺼내 줘어어어."

웬 남자가 목욕탕 목소리로 말했어. 나는 깜짝 놀라 주위를 두리번거렸지. 별안간 내 침대 옆 벽이 꿈틀거리더니 커다란 네모 퍼즐 판이 턱 하니 올라오는 거야. 소리는 네모 판 위에서 나는 것 같았어.

"뭐야, 이건?"

"나야, 나. 마방진진진. 나 좀 꺼내 줘줘줘."

마방진? 전에 요정 유령들도 마방진 뭐라고 했었는데, 마방진과 내가 무슨 상관이 있다고 자꾸 마방진, 마방진 하는 거지?

"참, 날 잊어버렸지지지. 이리 가까이 와 봐바바바."

웬 풍선이 목욕탕 목소리로 나를 불렀어. 나는 유령에 홀린 듯 퍼즐 판으로 바짝 다가갔어. 그때 작은 퍼즐 판 속 풍선이 터진 걸까? '팟' 소리와 함께 바람이 귓속으로 훅 들어왔어. 순간 나는 마방진의 정체를 알아차리고 말았지.

마방진은 몇 달 전 나를 찾아와 죽도록 괴롭힌 진드기 같은 유령이야. 자기는 명탐정 홈즈보다 엄청 똑똑한 탐정이라고 해 놓고 보물 상자 속 암호 편지는 나더러 풀라며 나를 달달달 볶아 댔지. 온갖 유령들을 동원하여 괴롭히고, 협박하고, 위험에 빠뜨리고 말이야. 그런 못된 유령이 다시 돌아오다니. 나는 얼른 뒤로 물러났어.

"진짜 마방진 탐정 유령이에요? 왜 또 나타났죠?"

"너를 도와주려고. 일단 날 좀 꺼내 줘. 내가 들어 있는 상자 아래의 퍼즐 판을 맞추면 돼. 아주 쉬워. 힌트는 내 이름 마방진이야."

"싫어요. 유령 세계로 돌아가요."

"이젠 돌아갈 수도 없어. 원래 빛의 세계로 떠난 유령은 현실 세계로 돌아올 수 없는데, 수학 귀신이 실수로 퍼즐 판을 땅으로 떨어뜨릴 때 몰래 타고 내려왔단 말이야. 널 위해서."

탐정 유령은 울상이 되었어. 하지만 난 절대로 꺼내 주지 않을 테야.

"말도 안 돼요. 날 위해서라면 영영 나타나지 말아야죠! 인간 어린이는 원래 유령을 무서워한다고요!"

"어서 꺼내 줘어어어. 안 그러면 매일 밤 네 꿈에 나타나 진짜 무섭게 괴롭혀 줄 테다아아."

탐정 유령은 악몽으로 날 협박했어. 하지만 나는 콧방귀를 뀌었지.

"하나도 안 무섭거든요! 고작 퍼즐 판에서 나오지도 못하면서 내 꿈에 어떻게 나타나려고요?"

"히잉. 꺼내 줘. 널 위해 목숨을 걸고 내려왔단 말이야.

내가 보낸 암호 받았지? ☆일등을 조심해, GHOST 둘 다 내가 보낸 거야. 네가 유일등한테 당할까 봐 암호를 보내 경고했는데 네가 못 알아듣는 바람에 어쩔 수 없이 내려온 거라고."

"유일등이요? 유일등이 왜 나를 괴롭혀요?"

나는 퍼즐 판을 붙잡고 소리쳤어.

"꺼내 주면 가르쳐 주지."

"가르쳐 주면 꺼내 줄게요."

"먼저 꺼내 줘!"

하는 수 없이 나는 탐정 유령이 갇힌 퍼즐 판을 들여다보았어. 커다란 네모 판 위의 작은 퍼즐 판에는 마방진 유령이 방방 뛰고 있고, 커다란 네모 판에는 돋보기가 있는 칸도 있고 물음표가 그려진 칸도 있었지. 대각선으로 돋보기의 개수를 더했을 때 합이 6이 되도록 만드는 마방진 문제였어.

"마방진라고요? 돋보기 개수로 마방진 만들기예요?"

탐정 유령을 처음 만났을 때 같으면 마방진이 뭔지도 몰라 벌벌 떨었겠지. 하지만 수학 실력이 쑥쑥 올라간 지금은 마방진쯤이야 문제없지.

나는 돋보기 개수를 세어 본 후 물음표 칸을 채워

넣었어.

곧 '징' 소리와 함께 탐정 유령이 튀어나왔어. 탐정 유령은 탈탈 몸을 털고 부웅부웅 몸을 키웠어.

"아유, 좁아터진 데 있었더니 답답해서 혼났네."

탐정 유령은 먼지를 털어 내며 유난을 떨었어. 나는 얼른 궁금증을 해결하고 탐정 유령을 쫓아 버릴 생각이었지.

"이제 말해 줘요. 유일등이 날 어떻게 한다고요? 왜요?"

탐정 유령은 눈을 더 크고 퀭하게 만들더니 소름 끼치는 목소리로 말했지.

"이미 암호로 얘기해 줬듯이 유일등은 ●│⃝ ╋려 이니까."

"역시 그랬군요. 만약에 이등 유령이 있다면, 유일등 같은 녀석일 거라고 생각했어요. 그 녀석 눈빛이 꼭 유령 같았거든요."

나는 침대에 털썩 주저앉아 중얼거렸어. **내게 닥친 무서운 운명을 그냥 받아들여야 하는가!** 피해 갈 수

있는 방법은 없을까! 그 순간 나를 구해 줄 생각이 반짝 떠올랐어. 핫핫핫핫 핫핫핫핫. 어쩌면 나는 진짜 천재인지도 몰라. 나는 침대 위를 데굴데굴 구르며 미친 듯이 웃었지.

"왜 이래? 너무 무서워서 정신이 나간 거야?"

탐정 유령이 내 주위를 붕붕 날아다니며 물었어. 나는 숨이 찰 때까지 실컷 웃은 뒤 탐정 유령에게 속삭였지.

"틀렸어요. 난 학교 괴담의 주인공이 아니에요. 이등 유령 유일등은 날 괴롭히지 않을 거예요."

"웬 근거 없는 자신감?"

"난 일등이 아니니까요. 난 일등도 아니고, 천재도 아니라고요. 그걸 잊었죠? 이등 유령이 날 괴롭힐 이유가 전혀 없다는 것을. 핫핫핫핫."

마방진을 응용한 퍼즐의 정답은?

돋보기의 개수를 이용해 만든 퍼즐이야. 돋보기의 개수를 숫자로 바꾸면 마방진의 원리를 응용한 정사각형의 수표가 되지. 수표는 사물의 양이나 성질 따위를 나타낸 수치를 목적에 따라 이용하기 쉽도록 만든 표야. 대각선으로 돋보기의 개수를 더했을 때 6개가 되도록 만들어야 해. 그러면 물음표가 있는 칸에는 각각 돋보기 4개, 2개를 넣어야겠지?

1+1+4=6   3+1+2=6

핫핫핫! 난 1등이 아니다. 핫핫핫!
하하하! 난 천재가 아니다.
그러므로 난 일등이에게서 벗어날 수 있다.
시끄러워. 제발 그만 웃어라. 1등 못 한 게 그렇게 자랑스럽니?
꼭 허파에 바람 들어간 것 같아.
음하하하!

6
진짜 천재를 보호하는
숫자 수수께끼

"맞다. 그렇지? 넌 일등이 아니지?"

탐정 유령이 고개를 끄덕이며 말했어. 되게 잘난 척하더니 나보다 생각이 짧은 거야? 나는 어깨를 쫙 펴고 거만하게 앉았지.

"탐정 유령님은 그만 유령 세계로 돌아가시죠. 핫핫핫."

"좋아. 그럼 안녕."

탐정 유령은 방문 앞으로 붕 날아올랐어. 그러더니 휙 돌아서서 한 마디 했지.

"근데 이등 유령은 왜 널 괴롭힐까? 네가 바로 천재기 때문이야. 안 천재."

 엥? 그 말은 지금, 내 이름 때문에 이등 유령이 날 천재로 오해하고 있다는 뜻? 괜찮아. 오해는 풀라고 있는 거니까.
 "걱정하지 마세요. 이등 유령에게 사실대로 말하죠, 뭐. 난 이름만 천재라고. 그럼 더는 날 괴롭히지 않을 거예요."
 난 어려운 수학 문제를 풀었을 때처럼 의기양양했어. 탐정 유령도 고개를 끄덕였지. 이제 유령의 공포에서 해방이야. 유일등 이등 유령도, 마방진 탐정 유령도 모두 물러가라!
 "참, 좋은 생각이야. 그럼 끔찍하고 무시무시한 이등 유령이 진짜 천재 지한이를 괴롭히겠구나. 넌 참 좋은 친구야. 자신의 안전을 위해 절친을 위험에 빠뜨리는."
 탐정 유령은 그 말과 함께 뿅 사라졌어. 내 친구 지한이는 어떡하라고?
 "안 돼요. 탐정 유령님, 돌아와요. 지한이를 도와줘요. 네? 어서 돌아와요. 부탁이에요."
 나는 두 손을 허우적거리며 보이지 않는 탐정 유령을 잡으려고

애썼어. 그러자 탐정 유령이 얄미운 얼굴을 도로 드러냈어.

"힘들게 내려온 나, 탐정 유령님을 무시하지 마라, 알았냐?"

나는 무조건 고개를 끄덕였어. 당장 기댈 사람은 탐정 유령뿐이니까. 나같이 연약한 인간이 무시무시한 유령을 상대할 순 없잖아!

"근데, 탐정 유령님! 뭘 어떻게 해서 이등 유령을 이길 거예요?"

"몰라. 지금부터 생각해 봐야지. 일단 천재 너는 기말고사 전까지 일등인 척을 해. 그동안 난 유일등의 약점을 알아볼게."

다음 날부터 난 진짜 열심히 공부를 했어. 일등은 원래 그런 거지? 학교에서나 집에서나 책벌레, 공부 벌레인 거잖아. 그런데 유일등은 오히려 나를 이상한 눈으로 쳐다보았지.

"천재 너, 시험공부 정말 열심히 하는구나."

"그럼. 기말고사에서 일등을 하려면 당연히 열심히 공부해야지."

난 일등처럼 자신만만해 보이려고 주먹까지 불끈 쥐었어.

"그래? 천재들은 시험 기간에도 자기가 좋아하는 걸

하던데. 그래도 일등 하고 말이야."

아! 난 진짜 천재가 아니라 그렇게 자세한 것까지는 잘 몰랐어. 나는 교실 천장에 둥둥 떠 있는 탐정 유령을 쳐다보았어.

"쯧쯧. 을 생각해 봐. 천재 소년은 공부를 하나도 안 해도 일등이었어."

"난 공부를 죽어라 해도 일등이 될까 말까 한다고요."

"그러다 시험 보기도 전에 일등이 아니라는 걸 들키면 어쩔래?"

그럴 순 없지. 나는 교과서를 탁 덮었어. 이제 난 공부를 하고 싶어도 할 수 없는 안타까운 신세가 되고 말았어.

우리 엄마가 알면 꿀밤 백 대로도 모자랄 신세지.

나는 힘이 쪽 빠져서 아무것도 할 수 없었어. 모두 신나게 뛰어다니는 체육 시간에도 그저 먼 산만 바라보았지.

"어디 아프냐?"

선생님이 내 이마를 짚었어. 순간 내 이마는 불덩이처럼 뜨거워졌어. 탐정 유령이 장난을 친 거야.

"저런, 열이 아주 높네. 보건실에 가서 쉬어라."

보건실로 가려다 나는 그냥 교실로 들어갔어. 유일등이

안 볼 때 시험공부라도 좀 할까 싶었지. 그런데 교실 문이 조금 열려 있는 거야. 나는 살금살금 다가가 교실 안을 엿보았어. 일등이가 선생님의 컴퓨터 앞에 앉아 뭔가 쓰고 있었어. 슬쩍슬쩍 고개를 들고 주위를 살피는 게 수상한 짓을 하는 게 분명했지.

나는 문을 벌컥 열었어.

"유일등, 지금 뭐 하냐? 시험지라도 훔치냐?"

유일등은 깜짝 놀라 컴퓨터를 끄고는 등 뒤로 종이를 숨겼어. 벌써 시험 문제를 베낀 게 아닐까?

"그게 뭐야? 이리 내."

나는 유일등의 손에 든 종이를 뺏으려 했어. 우리는 이내 엎치락뒤치락 몸싸움을 벌였지. 유일등은 만만한 아이가

아니었어. 당연하지. 유일등은 유령이니까. 그럼 지금 내가 유령이랑 몸을 부딪히며 싸우는 중이라고? 소름이 오싹 끼쳤지만 물러설 수 없었어. 우정의 이름으로 너를 이기고 말 테다!

"내놔. 내놓으라고."

나는 유일등의 팔을 잡고 끈질기게 늘어졌어. 마침 끝 종이 울렸어. 아이들이 우르르 몰려 들어오자 유일등은 당황해서 주춤했어. 난 그 틈을 놓치지 않고 유일등의 손에 든 종이를 잡아챘어.

핫핫핫. 유일등 넌 이제 끝장이야. 네가 베낀 시험 문제를 선생님께 보여 주고 네 정체를 밝히고 말 테다. 나는 유일등에게 뺏은 종이를 쫙 펼쳤어.

이게 뭐야? 유치한 수수께끼 문제만 적혀 있잖아?

"아무것도 아니라고 했잖아. 왜 내 말을 안 믿니?"

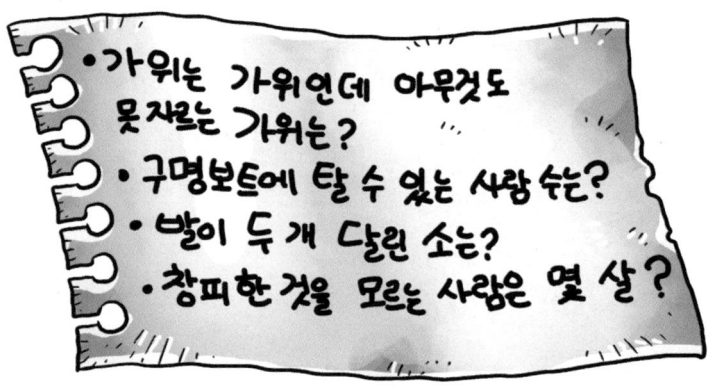

유일등이 벌게진 얼굴에 애써 미소를 띠며 말했어. 아우, 약 올라. 나는 수수께끼가 적힌 종이를 던져 버리려다 다시 한번 들여다보았어.

"내가 풀게, 문제 내 봐. 나 수수께끼 엄청 좋아해."

탐정 유령이 내 등을 콕콕 찌르며 말했어.

"가위는 가위인데 아무것도 못 자르는 가위는?"

"한가위."

"구명보트에 탈 수 있는 사람 수는?"

"아홉 명."

"발이 두 개 달린 소는?"

"이발소"

"창피한 것을 모르는 사람은 몇 살?"

"넉 살"

그 순간 나는 수수께끼가 암호라는 사실을 알아차렸어.

"1, 9, 2, 4."

나는 유일등의 등에 대고 말했어. 유일등이 흠칫 놀라며 뒤를 돌아보았어.

"어떻게……. 역시 넌 천재구나."

"이거 비밀번호냐? 기말고사 시험지를 보관하는 방의 비밀번호 같은 거, 맞지?"

유일등의 입술이 파르르 떨렸어. 수업 종이 울리고 선생님이 들어오자 나는 벌떡 일어났어.

그런데 실내화 바닥에 참기름이라도 묻은 것처럼 미끄러져 꽈당 넘어졌지 뭐야. 아이들은 웃음을 터트렸어. 유일등이 자리에서 일어나 내게 다가왔지.

"천재야, 안 다쳤어?"

"저리 가."

나는 나지막한 목소리로 말했어. 유일등도 내게만 들리게 소곤거렸어.

"우스운 꼴을 당하지 않으려면 가만있는 게 좋을걸."

그러나 나는 손을 번쩍 들고 외쳤어.

"선생님. 유일등이……."

선생님이 나를 쳐다봤어. 나는 유일등에게 뺏은 종이를 높이 들었지. 그 순간 바람이 휘잉 불더니 종이가 창밖으로 날아가 버렸어.

"안 돼. 증거가……."

나는 창문으로 달려갔어. 종이는 새처럼 훨훨 날아갔어. 가 버렸어. 다시 주워 올 수 없는 먼 곳으로.

"천재야, 수업 중에 소리 지르고 돌아다니면 안 되지. 어서 자리에 앉아."

선생님의 말에 터덜터덜 자리에 앉았어. 언제 두고 갔는지 유일등의 쪽지가 놓여 있었어.

'얌전히 있는 게 좋을걸'

이런 천하의 나쁜 유령 같으니라고. 나는 쪽지를 북북 찢어서 유일등에게 던졌어. 그런데 종잇조각이 쉬키면 똥파리가 되어 날아오는 게 아니겠어?

나는 두 손을 휘저으며 똥파리들을 쫓았어. 하지만 똥파리들은 자꾸 웽웽웽 달려들었어.

"으웩, 저리 가. 저리 가. 이 더러운

똥파리들아."

나는 눈을 감은 채 두 손을 휘저었어.

"천재야, 천재야!"

지한이가 내 허리를 콕콕 찔렀어. 살그머니 눈을 떠 보니 지한이와 선생님은 물론 우리 반 애들 모두 나를 보고 있고, 나는 서서 손을 휘젓고 있었어. 똥파리는? 그게 글쎄, 어디로 갔는지 한 마리도 없지 뭐야!

수수께끼 암호를 풀어라!

암호 속에 숨은 규칙을 찾아내면 그 뜻을 알아낼 수 있어. 다음의 수수께끼 암호에는 무슨 뜻이 숨어 있을까? 문장 속 글자들을 잘 살펴보고 숨은 규칙을 찾아내 봐!

① 먼저 장가가서 미안해.
② 해는 저물었는데 당최 화영이 집을 찾을 수 없네.
③ 너는 개가 좋아? 나는 이리가 좋은데.
④ 백 마리에 백 마리를 합하면 몇 마리?
⑤ 철사를 쭉 이어서 울타리를 만들어.

문장 속 숨은 단어를 찾아내면 위의 수수께끼 암호를 풀 수 있어.
① 장미 ② 해당화 ③ 개나리 ④ 백합 ⑤ 철쭉
위 단어들의 공통점인 '꽃'이 바로 정답이야.

암호 제조기 에니그마 Vs 암호 해독기 봄브

1918년, 독일의 발명가 셰르비우스는 암호를 만드는 기계 '에니그마'를 발명했다.

에니그마는 자판으로 글자를 입력하면 자동으로 암호화하여 다른 글자를 찍어 내는 암호 제조기였다. 에니그마로 만든 암호는 매우 복잡하여 해독이 불가능한 것처럼 보였다.

그러나 폴란드의 수학자 레예프스키는 에니그마의 암호를 해독하는 '봄브'라는 해독기를 만들어 냈다. 바야흐로 암호 기계들의 대결이 시작된 것이다.

봄브는 처음에는 에니그마의 암호를 곧잘 해독했다. 하지만 에니그마가 더욱 강력하게 개량(더 좋게 고침)되면서, 봄브는 에니그마의 암호를 해독할 수 없게 되었다.

그사이 독일은 제2차 세계대전을 일으켰다. 영국과 프랑스는 암호 해독 기술이 더욱 필요했지만 여전히 에니그마의 강력한 암호를 해독할 수 없어 발만 동동 굴렀다.

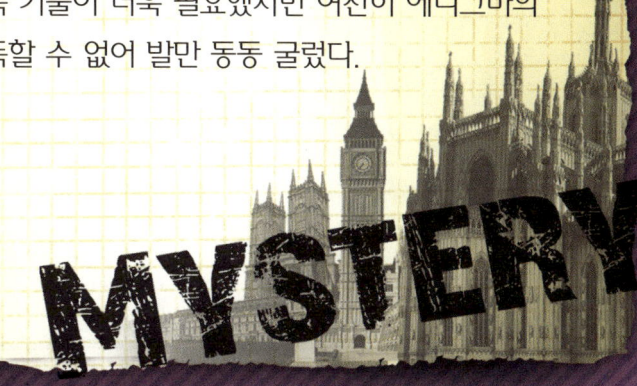

미로를 푸는 열쇠! 거울 문자와 완전수

   주말에는 할머니 제사를 지내러 시골 할아버지 댁에 갔어. 엄마, 아빠가 제사 음식을 준비하는 동안 나는 당나귀 동동이와 삽살개 복실이를 데리고 밖으로 나갔지.
   시골에 올 때마다 우리 셋은 뒷산 너럭바위로 산책을 갔거든. 넓은 너럭바위에 앉아 마을을 내려다보면 근심 걱정이 싹 사라지지.
   "누가 먼저 도착하나 내기 할래? 시이작!"
   동동이와 복실이는 금세 나보다 앞섰지.
   "기다려! 같이 가!"
   나도 전속력으로 달렸어. 그런데 한참 달리다 보니

꼬불꼬불 낯선 길이 나타났어. 길가의 키 큰 나무들이 시야를 다 막았고, 군데군데 길이 막혀 돌아가야 했어. 무언가 이상한 기분이 들었지만 나는 그냥 걸었어. 갑자기 앞서가던 복실이가 컹컹컹 짖고 동동이도 히이잉히이잉 울었어.

"왜 그래? 무슨 일이야?"

나는 복실이가 걱정되어 막 뛰어갔어. 하지만 길은 점점 더 꼬불꼬불해지고, 복실이와 동동이의 울음소리는 점점 더 멀어지고, 길가의 나무들은 점점 더 울창해졌어. 한마디로 나는 길을 잃고, 혼자 떨어진 거야.

"복실아, 동동아. 어딨어? 이리 와."

나는 두 손을 입가에 대고 소리쳤어. 대답은 없었어. 문득 하늘을 보니 노을이 발갛게 물들기 시작했어. 하늘은 곧 홍시처럼 빨개지겠지. 그러고 나면 어둠이 찾아오겠지. 시골의 밤은 도시보다 더 빨리, 더 어둡게 찾아오니까. 더 무섭게!

가슴이 철렁 내려앉았어. 나는 가슴속에서 꾸역꾸역 올라오는 두려움을 꾹꾹 누르고 뒤돌아 걸었어. 왔던 길을 되짚어 할아버지 댁으로 가려고 말이야. 하지만 길이

미로처럼 복잡해서 찾을 수가 없었어.
 "어떡하지? 엄마, 아빠, 할아버지. 복실아, 동동아!"
 사방은 고요했어. 쉬익쉬익 나뭇잎 흔들리는 소리만 들렸지. 나를 도와줄 사람 소리는 들리지 않았어.
 "탐정 유령이라도 데려올걸."
 후회가 물밀 듯이 밀려왔어.
 "나 말이냐?"

그때 저녁놀 사이로 둥실둥실 탐정 유령 얼굴이 떠올랐어. 그 순간 오렌지 빛으로 물들며 지는 해보다 두루뭉술한 탐정 유령의 얼굴이 훨씬 아름다워 보였어.

"아, 다행이다! 탐정 유령님, 나 길을 잃었어요."

"유일등이 길을 미로로 만들어 버렸어. 날 따라오너라."

탐정 유령은 내 머리 위에 둥둥 떠서 길을 가르쳐 주었어.

그런데 갑자기 길 양쪽의 나뭇가지들이 쑥쑥 길어지더니 세차게 흔들리며 탐정 유령을 쫓는 게 아니겠어?

"아얏, 아얏, 때리지 마. 이런 버릇없는 나뭇가지들을 봤나. 난 세계 최고의 탐정 유령 마방진이란 말씀이얏!"

탐정 유령은 동동거리며 나뭇가지들을 피하려 했지만 나뭇가지들은 탐정 유령을 쫓아가며 때렸어.

"아이고, 따가워라. 안 되겠다. 잠깐만."

탐정 유령이 뿅 사라졌어. 이 괴물 같은 미로 숲에 나만 남겨 두고 말이야.

나는 엉엉 울고 말았어. 해는 너울너울 지고 새는 쫑쫑쫑 집에 가자고 우는데, 미로 숲은 나를 꼼짝 못하게 가두고 놓아주질 않으니…….

"이거 받아. 보고 길을 찾아봐."

 탐정 유령이 다시 나타나 종이 한 장을 떨어뜨렸어. 미로 그림이었어. 내 위치가 표시되어 있는 걸 보니 이것을 지도라고 생각하고 길을 따라가면 되나 봐.

 미로 지도 보고 길 찾기는 자신 있었어. 나는 미로 지도에서 나가는 방향을 먼저 확인한 다음 냅다 달렸어.

까악까악까악. 까마귀 울음소리가 점점 가까워졌어. 나는 이 소름 끼치는 길에서 어서 빨리 벗어나고 싶었지만 걸음을 멈출 수밖에 없었어. 당나귀만 한 까마귀가 내 앞을 가로막았거든.

"까악까악, 완전수."

까마귀는 검은 날개를 푸드득거리며 나를 위협했어.

완전수라면, 그 자신의 수를 뺀 모든 약수의 합이 자기 자신과 같은 수야. 완전수 하나쯤은 외우고 있는 게 상식이지. 나는 자신 있게 답을 말했어.

"6."

"까악까악."

까마귀는 날아가지 않고 고개를 저으며 울었어. 뭐야, 하나 더 찾으라는 거야? 6 말고 아는 완전수가 없는데.

하는 수 없이 7부터 하나하나 약수를 적고 더해 보았어. 6 다음의 완전수가 몇 백 단위라면 난 완전수를 찾다가 늙어 죽고 말 거야. 아니, 수학자들은 완전수 찾는 공식 같은 것도 발견 못했나? 막대기로 숫자를 끼적거리며 괜히 수학자들을 원망했어.

"아! 찾았다. 28."

까마귀는 옳다 그르다 말도 없이 날아갔어. 나는

또 달렸어. 그런데 까마귀가 또 나타났어. 길을 가로막은 커다란 나무 문 위에 앉아 있었어. 나무 문에는 비밀번호를 눌러야 열리는 커다란 자물쇠가 달려 있었어. 하지만 난 비밀번호를 모르잖아.

 일단 나는 문과 자물쇠를 잘 살펴봤어. 무슨 힌트라도 있을지 모르니까. 그러다 문 왼쪽에 새겨져 있는 이상한 문자를 발견했어. 뜻을 알 수 없는 이상한 암호 문자를 말이야.

 그때 하늘에서 거울 조각이 떨어졌어. 나는 거울에 내 얼굴을 비춰 보았어. 얼굴은 겁에 질려 하얗고, 눈은 금방이라도 울 것 같이 빨갛고, 머리카락은 까치집처럼

헝클어져 있었어.

"쳇, 누가 이까짓 것에 진대? 나 안천재야, 절친을 위해 유령과 싸우고 있는 안천재라고!

두고 봐, 이등 유령아. 넌 언제까지나 이등이야! **용기도 내가 일등, 너는 이등이라고!**"

나는 거울을 들고 씩씩하게 자물쇠로 다가갔어. 그리고 이상한 문자를 거울에 비춰 보았지. 역시! 다 빈치의 거울 문자였어. 거울에 비춰야 알아볼 수 있는 암호 문자.

나는 거울에 비친 숫자를 눌렀어. 삑, 자물쇠가 열렸어. 나는 꼬불꼬불한 길을 요리조리 걸어서 밖으로 나왔어. 눈앞에 할아버지 댁이 나타나자 왈칵 눈물이 쏟아졌어.

그날 밤, 나는 제사상에 대고 간절히 빌었어.

"할머니, 나를 사랑하는 할머니. 유령들이 나를 괴롭히지 못하게 막아 주세요. **유령들이 내 곁에 얼씬도 못하게 해 주세요. 꼭이요!**"

내 기도 덕분일까? 그날 밤은 엄청 잘 잤어. 꿈을 딱 한 번 꿨는데 아주 웃긴 꿈이었어. 웬 할머니가 하얀 소복을 입고 나와 내 볼에 뽀뽀를 하며 이렇게 말하는 거야.

"우린 내일 새벽까지 여기 있을 거란다. 그때까지 이 할미가 철통같이 널 지켜 주마. 지금도 웬 유령 녀석이 네 곁에서 얼쩡대기에 혼쭐을 내고 왔단다. 그런데 너도 내 부탁 좀 들어주겠냐? 제사상에 전, 생선, 산적 이런 것 좀 그만 올리라고 해라. 몇 년이나 같은 음식을 먹었더니 질린다, 질려. 나도 스파게티, 피자, 돈가스. 그런 걸 좋아한다고. 알았냐?"

완전수를 찾아라!

6의 약수는 1, 2, 3, 6이야. 6은 자기 자신인 6을 뺀 나머지 약수의 합(1+2+3)이 다시 자기 자신인 6이 되는 수이지. 고대 그리스 사람들은 이런 특성을 지닌 수를 '완전수'라고 불렀어. 고대 그리스에서는 다음과 같은 4개의 완전수를 발견했지.

6   28   496   8128

· 28의 약수: 1, 2, 4, 7, 14, 28
· 496의 약수: 1, 2, 4, 8, 16, 31, 62, 124, 248, 496
· 8128의 약수: 1, 2, 4, 8, 16, 32, 64, 127, 254, 508, 1016, 2032, 4064, 8128

정말 완전수인지 자기 자신의 수를 제외한 나머지 약수들을 더해서 확인해 봐.

부적의
수수께끼를 풀어라

"천재야, 천재야. 좀 일어나."

곤히 자고 있을 때 깨우는 건 용서 못해. 그게 무시무시한 유령이라 할지라도! 나는 눈을 감은 채 주먹을 휘둘렀어.

"안 일어나면 유일등을 불러올 테야."

탐정 유령은 정말 치사해. 이등 유령에게서 나를 지켜 준다더니 오히려 불러온다고? 나는 눈을 번쩍 뜨고 소리쳤어.

"유령들은 원래 그렇게 치사해요?"

"너희 할머니는 원래 그렇게 무섭냐?"

"할머니가 왜요?"

사실 난 할머니에 대한 기억이 별로 없어. 내가 다섯 살 때 돌아가셔서 기억이 잘 안 나거든.

"너희 할머니가 방금 하늘나라로 올라갔는데 말이야, 그 전까지 나를 얼마나 들들 볶은 줄 알아?

우리 손주 괴롭히지 말라고. 나는 괴롭히는 유령이 아니라 도와주는 유령이라고 그렇게 설명했는데 도무지 믿지를 않아. 꿀밤을 하도 맞아서 내 머리 좀 봐. 혹이 호박만 하잖아."

탐정 유령은 울상이 되었어. 좀 미안하긴 했지만 자꾸 웃음이 났어. 나는 그만 큰 소리로 웃고 말았지.

"어이구, 최고의 탐정 유령님이 우리 할머니한테 꿀밤 맞았쪄요? 그래서 아팠쪄요? 히히히."

나는 탐정 유령을 놀려 먹으며 낄낄낄 웃었어. 그 바람에 같이 자고 있던 할아버지가 그만 깨고 말았지.

"천재야, 지금 누구랑 얘기하냐?"

나는 깜짝 놀라 입을 다물었어.

"혹시 너, 유령이라도 보는 게냐?"

"아니에요. 잠꼬대했어요. 잠꼬대한 거라고요."

할아버지가 일어나 불을 켰어. 그러고는 내 눈을 들여다보았지.

"이렇게 초롱초롱한 눈으로 잠꼬대하는 녀석도 있냐?"

나는 그만 말문이 막혔어. 탐정 유령과 이등 유령 이야기를 하면 할아버지가 믿어 줄까? 어른들에게 얘기하기 좋은 소재는 아닌데…….

"나도 어릴 적에 도깨비를 본 적이 있단다. 도깨비나 유령이나 그게 그거 아니냐?"

"네? 전 도깨비를 본 적은 없어서……."

할아버지는 이불을 걷고 앉아서 이야기를 시작했어.

"나는 어릴 적에 학교를 제대로 다니지 못했단다. 아버지는 일찍 돌아가셨고, 어머니는 어린 동생들을 돌보느라 일을 할 수가 없었지. 하는 수 없이 나는 학교를 그만두고 남의 집 머슴살이를 시작했어. 그때 나이가 겨우 열 살. 농사일도 힘들었지만 밤마다 혼자 자는 게 무섭고, 어머니가 보고 싶어서 견딜 수가 없었지.

내 잠자리는 광 한쪽 구석이었어. 광에는 오래된

물건들이 참 많았어. 잠자리에 들 때마다 나는 오래된 물건이 변해 도깨비가 된다는 이야기가 떠올라 벌벌 떨었어. 광 한쪽 구석에서 삐걱, 서걱 소리가 나는 날이면 뜬눈으로 밤을 새웠지. 그런 날이면 어김없이 울퉁불퉁한 방망이를 든 도깨비가 춤을 추며 '여긴 우리 방인데 왜 사람 냄새가 나지?' 라고 소리쳤어. 나는 너무 무서워서 숨을 죽인 채 밤을 샜지. 그 다음 날 낮엔 일이나 제대로 했겠냐? 꾸벅꾸벅 졸다가 주인어른한테 혼났지. 주로 여름밤에 그랬던 것 같아.

그 집에는 **나보다 두어 살 많은 딸이 있었어.** 연이 누나라고. 서울에서 여학교를 다녀서 방학 때만 볼 수

있었어. 연이 누나는 늘 밝은 색 블라우스에 까만 치마를 입고, 툇마루에 걸터앉아 다리를 까딱거리며 책을 읽었어.

그러던 어느 날 마당을 쓸다가 내가 또 꾸벅 졸았나 봐.

'이 녀석. 만날 잠만 자는 바보로구나.'

연이 누나가 손가락으로 내 이마를 톡 건드리며 말했어. 순간 잠이 저 멀리 뒷산 너머로 달아나고 말았지.

'밤엔 무얼 하고?'

느닷없는 질문에 나는 그만 솔직히 털어놓고 말았어.

'도깨비가 나와서 잠을 못 자요.'

깔깔깔깔. 누나는 숨이 넘어가게 웃었어. 우스운 이야기가 아니라 무서운 이야기인데 말이야.

'덩치만 컸지 아직 꼬맹이구나. 도깨비 같은 건 없어.

그건 옛날이야기에만 나오는 거야.'

'아니에요. 방망이를 들고 춤을 춰요. 그림자로 다 봤어요. 삐걱삐걱 도깨비가 노는 소리도 나요.'

'바보.'

나는 답답해서 가슴을 퍽퍽 쳤지.

'옛날이야기에 나오는 건 있는 거예요. 없는 걸 왜 만들어 내요? 귀한 밥 먹고 할 일이 그렇게 없대요?'

내가 얼굴까지 붉히며 따지자 연이 누나는 싱긋 웃었어. 그 미소 때문에 내 얼굴은 더 벌게지고 말았어.

'네 말이 맞다. 없는 얘기를 왜 만들어 내겠니? 그렇게 무서우면 내가 도깨비 쫓는 부적을 만들어 줄게.'

연이 누나는 자기가 보던 책 맨 뒷장을 북 찢어 뭔가를 그렸어.

'이건 도깨비 쫓는 부적이야. 가슴에 품고 있다가 도깨비 소리가 나면 이 부적을 보여 줘. 그럼 도깨비들이 네게 오려고 했다가 이 부적에 정신이 팔릴 거야. 도깨비들은 호기심이 많아서 부적에 나온 문제를 풀려고 할 거라고. 하지만 머리는 나빠서 정답을 맞힐 수가 없지. 그러다 날이 새면 도깨비들은 사라질 수밖에.'

나는 누나가 내민 종이를 한참 들여다보았어. 전에 봤던

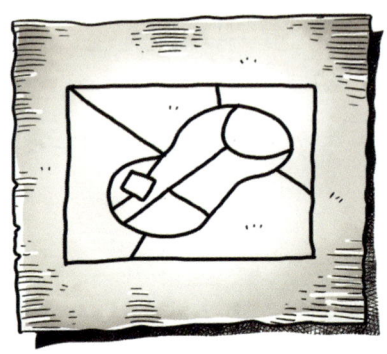

부적들과는 달랐어. 부적에 무슨 그림이 그려져 있었거든.

'정말 이것만 있으면 도깨비가 달아나요?'

'응. 이건 수학 부적인데, 도깨비들은 수학을 잘 못해서 못 풀어. 그런데 이 부적을 쓰려면 네가 먼저 답을 알아야 해.'

'답이 뭔데요?'

'그냥 가르쳐 주면 재미없잖아. 열심히 생각해 봐. 내일 정답을 가르쳐 줄게. 아, 문제를 알려 주지 않았구나! 이건 지도 그림이야. 맞닿아 있는 나라의 색을 달리하여 칠해야 하는데, 가장 적은 수의 색을 사용해 칠한다면 몇 가지 색이 필요할까? 이게 문제야.'

그날 틈틈이 들여다봤지만 나는 아무리 봐도 답을 모르겠더라."

할아버지는 서랍을 뒤적여 부적을 꺼냈어.

"자, 이 부적을 네게 주마. 도깨비들한테 통하는 부적이니 유령들한테도 통할 게다. 단, 네가 답을 찾아야 해. 그래야 부적을 쓸 수 있단다."

"왜요? 연이 누나가 정답 안 가르쳐 줬어요?"

할아버지는 갑자기 자리에 누워 하품을 했어.

"이젠 자야겠다."

"연이 누나가 안 가르쳐 줬냐고요!"

할아버지는 내게 등을 보이며 돌아누웠어.

"다음 날 연이 누나가 갑자기 서울로 가게 됐는데, 누나가 다시 오기 전에 내가 그 집에서 나오게 되었지

뭐냐. 결국 답은 영영 알 수 없었다."

"그런 걸 지금까지 가지고 있었어요?"

"어쨌든 부적이니까. 드르렁."

할아버지는 금세 코를 골았어. 사실은 코 고는 시늉을 하는 것 같았지만 말이야. 나는 할아버지 코 고는 소리를 음악 삼아 지도 부적에 색을 칠했지. 나는 색연필 12자루를 가져왔지만 12가지 색이 필요하진 않았어.

몇 가지 색이 필요할까?

맞닿은 나라를 다른 색깔로 직접 칠해 보면 최소한 4가지 색이 있어야 한다는 걸 알 수 있어. ⭐나라의 경우를 보면, 3개의 나라와 맞닿아 있어서 4가지 색이 필요하지.

♥ 나라는 8개의 나라와 붙어 있지만 ♥ 나라를 둘러싼 8개의 나라는 3가지 색이면 맞닿은 부분을 다른 색깔로 칠할 수 있어. 100개의 나라가 있는 훨씬 복잡한 지도라도 4가지 색깔만 있으면 나라의 색을 다 다르게 칠할 수 있지. 이와 같이 여러 부분으로 나뉜 평면에 색을 칠할 때, 같은 색끼리 서로 맞닿지 않게 하려면 4가지 색으로 충분하다는 수학적 정리를 '4색정리' 또는 '4색문제'라고 해.

독 사과를 먹고 죽은 암호 천재 앨런 튜링

영국의 천재 수학자였던 앨런 튜링은 암호 해독의 천재이기도 했다. 제2차 세계대전이 일어나자 영국군은 독일의 암호 기계 에니그마로 만든 암호를 풀 수학자들을 찾았다. 튜링은 그 일에 딱 맞는 사람이었다.

영국군의 암호 해독반에 들어간 튜링은 튜링 봄브라는 암호 해독기를 만들어 에니그마의 암호를 쉽게 해독했다.

하지만 전쟁이 끝난 뒤, 튜링은 승리의 공로를 인정받지 못했다. 튜링을 비롯한 암호 해독반의 활동이 철저히 비밀에 부쳐졌기 때문이다.

튜링은 컴퓨터 연구소에서 인공 지능을 연구하는 등 다시 수학자의 삶으로 돌아오려 했지만 쓸쓸한 생활을 견디지 못하고 죽고 말았다. 튜링은 스스로 독성 물질인 청산가리를 넣은 독 사과를 먹고 죽은 것으로 알려져 있다.

이등 유령 가족의 집합 문제

월요일 아침, 오랜만에 가벼운 마음으로 학교에 왔어. 가슴에 품은 부적 때문인 것 같아.

"순 엉터리 부적이야. 그게 정말 도깨비랑 유령 쫓는 부적이라면 나부터 쫓아야지. 하지만 봐. 나는 아무렇지도 않아."

탐정 유령이 구시렁거렸지만 신경 쓰지 않았어. 그런데 어느 틈엔가 나를 쫓아오던 탐정 유령이 사라졌어.

"히히히. 이 부적, 효과 좋네!"

나는 가슴팍에 손을 넣어, 비닐봉지에 고이 싸서 반창고로 붙인 부적을 쓰다듬었어.

"뭘 보고 혼자 웃냐?"

발소리도 없이 나타난 주리가 내 어깨를 툭 쳤어. 얘는 유령도 아니면서 왜 소리 없이 다니는지 몰라.

"혹시 고양이 봤어?"

주리가 물었어. 우리 학교에는 유난히 길고양이들이 많아. 동물을 좋아하는 주리는 고양이를 좋아하는 여자 아이들과 '고양이 클럽'을 만들어 이름도 지어 주고, 먹이도 주었어.

"못 봤는데? 요즘엔 고양이들을 통 못 봤어."

"그렇지? 고양이들이 싹 사라졌어."

'싹'이라는 말을 듣는 순간, 이상하게도 소름이 오싹 끼쳤어. 나는 불길한 예감을 애써 떨치며 말했어.

"다른 데서 밥 얻어먹나 보지, 뭐."

"그럴까? 하지만 예감이 별로야. 요 며칠, 우리 학교 너무 조용하지 않아?"

아! 주리는 평화로움을 느꼈단 말이냐. 나는 이등 유령과

사투(죽을 힘을 다해 싸움)를 벌이고 있는데.

"난 잘 모르겠어."

"그래? 우리 교실 창문 밖에서 깍깍거리며 영역 싸움을 벌이던 까치도 안 보여. 점심시간이면 떼를 지어 날아다니던 비둘기도 안 보이고. 우리 학교에 어둠의 유령이라도 나타난 것처럼 동물들이 싹 사라진 거야. 내 생각엔 말이야, 감각이 발달한 동물들은 나쁜 기운을 일찌감치 느끼고 달아났는데, 사람들은 아무것도 몰라서 그냥 남아 있는 것 같아."

나는 주리의 손을 덥석 잡고 '주리야, 네 말이 옳아. 다 옳아.'라고 말하고 싶었어. 어둠의 요괴는 이등 유령인 유일등이고, 너희는 모두 속고 있다고. 나는 유일등의 정체를 알고 있지만 누군가를 지켜야 해서 유일등의 정체를 밝힐 수도, 멀리 달아날 수도 없다고. 하지만 말할 수 없었어. 주리는 공포의 여왕이잖아. 주리라면 신나서 당장 유일등에게 달려가 인터뷰를 하자고 야단일걸?

"꺄악!"

주리는 괜히 소리를 질렀어. 마침 지나가던 유일등이 깜짝 놀라 주리를 쳐다보았어. 주리는 일등이의 팔을 잡고 공포의 상상을 계속 펼쳤어.

"있잖아, 일등아. 우리 학교에 동물들이 사라졌어. 사악한 유령이 쫓아 버렸나 봐. 어쩌지, 어쩌지?"

"나한테 왜 그런 이야기를 하지?"

일등이는 처음으로 화 비슷한 것을 내며 펄쩍 뛰었어. 주리는 놀라서 일등이의 팔을 놓았어.

"일등이 너 지금 나한테 화내니?"

"어, 화난 것처럼 보였다면 미안해. 난 단지 동물들의

일을 인간인 내가 알 수 없다는 뜻이야."

유일등의 눈동자가 번득였어. 역시 동물들은 유일등이 무서워서 사라진 게 분명해. 아! 유일등이 지한이에게 마수(음험하고 흉악한 손길)를 뻗기 전에 쫓아내야 하는데.

나는 집에 돌아가자마자 큰 소리로 탐정 유령을 불렀어.

"탐정 유령님, 도대체 언제 해결책을 낼 거예요?

나를 도우러 왔으면 도와야지, 어디서 뭐 하는 거예요?"

"나? 나 말이냐?"

탐정 유령이 모습을 드러냈어. 둥둥 떠서 코딱지를 파면서 말이야.

"지금 코딱지나 팔 때예요?"

"내가 한가하게 코딱지나 파는 걸로 보이냐? 유일등에 대한 정보를 수집하는 중이라고."

"정보가 코딱지로 오나 보죠?"

탐정 유령은 내 말은 들은 척도 하지 않고 벽에 뭔가를 적었어.

"이게 뭐예요?"

$A = \{X \mid X \text{는 유일등의 가족}\}$
$B = \{\text{히파티아, 이연이, 소피 제르맹, 에미 뇌터}\}$
$A \cap B$

"내 방 벽에 낙서하지 마세요!"

"정보원이 보낸 거야."

"정보가 왜 이래요? 무슨 뜻인지 모르겠잖아요!"

"**중요한 정보일수록 암호로 보내는 거야.** 중간에 유일등이 가로채도 안전하게. 원래 암호가 그런 거잖아."

"우리도 모르면 어떡해요?"

"모르긴 왜 몰라? 난 천하의 탐정 유령이라고! 홈즈도 울고 갈……."

"아, 알았어요. 홈즈보다 명석한 두뇌, 가우스보다 뛰어난 수학 능력을 가진 최고의 탐정 유령 마방진 씨. 어서 암호나 풀어 봐요."

탐정 유령은 내가 치켜세워 주자 휘파람을 불면서 암호를 풀기 시작했어. 탐정 유령은 단순한 게 유일한 매력이야.

"이건 집합이야. 집합 A는 유일등의 가족, 집합 B는 여자. A∩B는 교집합, A와 B에 모두 속한 원소를 찾으라는 뜻이지. 자, 찾아봐."

"쳇, 자기가 한다고 하고선 또 나를 시켜."

나는 벽에 원 두 개를 그리기 시작했어. 집합 문제는 그림을 그려서 푸는 게 가장 쉽거든. 이렇게 원 안에 각 집합을 나타낸 그림을 **벤 다이어그램**이라고 하지.

그런데 원을 그리다 깨달았어. 난 절대로 이 집합 문제를 풀 수 없어. 집합 A의 원에 들어갈 유일등의 가족이 누구누구인지 모르거든.

하는 수 없이 나는 다음 날 유일등 곁에 앉아 억지로 친한 척하며 물었지.

"넌 누구랑 살아?"

"그건 왜 묻지?"

유일등의 목소리가 차가웠어. 어제 처음으로 화를 낸 뒤 유일등이 좀 변한 것 같아. 왠지 기분이 섬뜩했지만 난 부드러운 목소리로 다시 물었어.

"그냥 네 가족이 궁금해서. 우린 친구니까. 하하하."

"우리 가족은 나를 엄청 사랑해."

유일등은 엉뚱한 대답을 했어. 하지만 나는 미소를 지으며 기다렸지.

"우리 가족인 엄마, 아빠, 할아버지, 삼촌, 우리 강아지. 모두 다 나를 엄청 사랑한다고."

"그럼 그럼, 그렇겠지. 너를 사랑하는 가족 이름도 엄청 궁금하다. 이름이 아주 세련됐을 것 같아."

"당연하지. 아빠는 유제일, 엄마는 이연이, 강아지는 달봉이, 할아버지는 유봉기, 삼촌은 유제삼."

유일등의 대답을 듣고 나는 금세 암호를 풀었지. 복잡한 집합 암호를 풀면 '이연이'. 그런데 일등이 엄마 이연이 씨가 뭘 어쨌다는 거지?

벤 다이어그램으로 교집합을 나타내라!

벤 다이어그램은 집합을 그림으로 나타낸 거야. 집합이란, 어떤 조건에 따라 결정되는 요소의 모임을 말해. 예를 들면 '우리 반 여학생들의 모임'과 같이 말이야. 벤 다이어그램을 이용하면 집합 문제를 쉽게 풀 수 있지.

$A \cap B$는 집합 A와 B의 교집합을 뜻하는 거야. 교집합은 집합 A와 B에 공통으로 속하는 원소의 집합이야.

A: 유제일, 달봉이, 유봉기, 유제삼
B: 히파티아, 소피 제르맹, 에미 뇌터
A∩B: 이연이

$A \cap B = \{이연이\}$

벤 다이어그램으로 두 집합을 그리고, 겹치는 부분을 찾으면 교집합을 알 수 있지. 만약 암호가 $A \cup B$라면 어떻게 될까? 합집합이니까 두 집합의 원소를 모두 적으면 돼.
$A \cup B = \{$유제일, 달봉이, 유봉기, 유제삼, 히파티아, 이연이, 소피 제르맹, 에미 뇌터$\}$

진짜 천재는
어디로 사라졌을까?

D-1일. 기말고사가 내일로 다가왔어.
 지한이가 진짜 천재라는 것이 밝혀질 때가 머지않았단 말이야. 하지만 탐정 유령은 아직도 유일등을 쫓아낼 방법을 찾지 못했어. 나는 불안해서 견딜 수 없었어.
 "안되겠어요. 탐정 유령님만 믿고 있다가는 지한이를 지킬 수 없을 것 같아요. 나, 지한이에게 사실대로 말하고 일부러 시험을 망치라고 해야겠어요."
 "안 돼!"
 탐정 유령이 말렸지만 나는 학교를 향해 달렸어.
 지한이는 벌써 학교에 와 있었어.

나는 지한이를 운동장 구석으로 데려갔어.

"지한아, 내 말 잘 들어. 의심하지 말고 무조건 믿고 들어."

나는 숨을 헐떡이며 지한이에게 속삭였어. 학교 괴담에 나오는 이등 유령이 유일등이다. 유일등은 내가 천재인 줄 알고 나를 괴롭히고 있다. 하지만 시험 결과가 나오면 너를 괴롭힐 것이다. 무슨 짓을 할지 모르니 대책을 세워야 한다.

"내 말 이해했지? 그러니까 넌, 이번 시험에 일등 하면 안 돼. 일부러 막 틀려야 해."

"어? 절친이 하기엔 어울리지 않는 말인데! 천재야, 절친이라면 시험 잘 보라고 응원해 줘야 하는 거 아니야? 안 그래, 284?"

지한이는 장난칠 때면 날 284라고 불러. 284는 내 전화번호도 아니고, 우리 집 주소도 아니고, 내 학교 번호도 아니야.

사실은 나랑 아무 상관없는 숫자지만 지한이가 220이니까 내게 의미가 있지. 284와 220은 사이좋은

수라는 뜻의 친화수거든. 피타고라스가 그렇게 이름 붙였는데, 220과 284는 각각 자기 자신을 뺀 약수를 모두 더하면 서로의 숫자가 되기 때문이래.

"220. 이건 장난이 아니야."

나는 최대한 심각하게 말했어.

"그래, 좋아, 284. 내가 일부러 틀린다 치자. 그래도 누군가 일등을 할걸? 일등이 된 누군가는 결국 유일등에게 당할 거야."

나는 고개를 끄덕였어.

"그럼 그 앤 어떡해?"

"안됐지만 어쩌겠냐? 너랑 나만 아니면 되지."

"쳇, 실망이다. 안천재. 나만 아니면 된다는 생각, 치사해."

세상에! 난 목숨을 걸고 지한이를 지키고 있는데 치사하다니. 순간 너무 화가 났어. 지한이는 우리의 우정을 개털보다 못하게 여기는 거 아닐까.

"뭐가 치사해. 난 네 친구라 널 걱정하는 거야. 그게

치사해? 네가 일등 유령에게 당할까 봐 걱정하는 게 치사해? 그동안 일등인 척하느라 내가 얼마나 힘들었는지 알아?"

나는 발을 동동 구르며 소리를 질렀어.

"천재야, 그만! 그만해."

탐정 유령이 내 입을 틀어막았어. 하지만 난 탐정 유령의 차가운 손을 떼어 내며 소리를 질렀어.

"왜요? 아직 할 말 다 못했다고요."

"왜, 무슨 말을 더 하려고?"

앗! 이 목소리는? 듣기만 해도 어깨가 옴츠러드는 으스스한 유일등의 목소리. 내가 큰 소리로 떠드는 바람에 유일등이 모든 걸 들어 버렸어.

"그러니까 진짜 천재, 진짜 일등은 진지한이구나!"
"아니야, 아니야! 그게 아니라고!"
나는 지한이를 몸으로 막으며 두 손을 휘저었어.
유일등은 매처럼 매서운 눈으로 나를 노려보았지. 그런데 이 무시무시한 순간에 지한이가 내 등을 톡톡 쳤어.
"천재야, 지금 뭐 해? 누구랑 말하는 거야?
갑자기 왜 날 가로막고 그래?"
이건 또 무슨 말이야? 지한이 눈에는
유일등이 안 보인단 말이야?
난 놀라서 유일등을

다시 쳐다보았어.

유일등의 발이 공중에 붕붕 떠 있었어. 탐정 유령은 고개를 절레절레 흔들며 그 옆에 붕붕 떠 있었지. 지금 유일등은 유령의 모습으로 나를 따라온 거야.

"아악! 내가 망쳤어. 내가 모든 걸 망치고 말았어."

나는 팍 주저앉아 엉엉 울었어. 그때 수업 종이 울렸어. 하는 수 없이 우리는 교실로 들어가 지한이는 이등 유령 옆자리에, 나는 이등 유령 뒷자리에 앉았어. 으윽!

점심시간까지는 아무 일도 일어나지 않았어. 유일등은 평소와 다름없이 모두에게 친절했지. 나는 지한이에게서 눈을 떼지 않았어. 지한이가 싫다고 하는데도 화장실까지 따라갔지.

5교시는 수학 시간이었어. 서랍에서 수학책을 꺼내서 앞을 쳐다보니 지한이가 없는 거야.

방금까지 있었는데 어디로 간 거지? 나는 손을 번쩍 들고 말했어.

"선생님, 진지한이 없어졌어요."

유일등이 나를 돌아보며 싱긋 웃었어.

"누가 없어졌다고?"

"지한이요, 진지한."

"진지한? 우리 반에 그런 애가 있었나?"

선생님은 엉뚱한 말을 했어. 나는 깜짝 놀라 소리를 질렀지.

"진지한이라니까요. 우리 반 일등 진지한!"

선생님은 고개를 절레절레 흔들었어.

"천재야, 너 지금 꿈을 꾸는 거냐? 우리 반엔 진지한이란 애가 없어. 어서 자리에 앉아."

아아, 머릿속이 하얘지고, 다리에 힘이 탁 풀렸어. 이건 유일등의 짓이야. 유일등이 지한이를 사라지게 하고, 지한이에 대한 사람들의 기억까지 사라지게 만들었어. 이제 어떻게 하지?

그때 내 휴대 전화에 문자가 왔어.

'재내가있다 수에일등나 진심유사를 사중의건불 박보털줘러'라고? 대체 이게 무슨 말이지? 누가 이런 이상한 문자를 보냈을까?

난 이상한 문자를 뚫어져라 쳐다봤어. 그런데 어느 순간

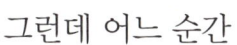

'일등'이라는 글자에서 눈길이 멈추었지. '일' 자 아래의 '유'를 같이 읽으면, 유일등. 유일등이라고?

전치 암호 푸는 방법 1

전치 암호는 문자는 그대로 사용하고 위치만 바꾸어 만든 암호문이야. 천재가 휴대 전화로 받은 문자도 전치 암호야. 5글자씩 5줄이니까 5×5 표에 넣어 볼까?

그냥 읽으면 무슨 뜻인지 알 수 없지? 세로로 읽어도, 한 글자씩 건너뛰며 읽어도 알 수 없어. 하지만 맨 가운데 '유'를 중심으로 시계 방향으로 뱅 돌며 읽어 봐. 뜻을 알 수 있겠지?

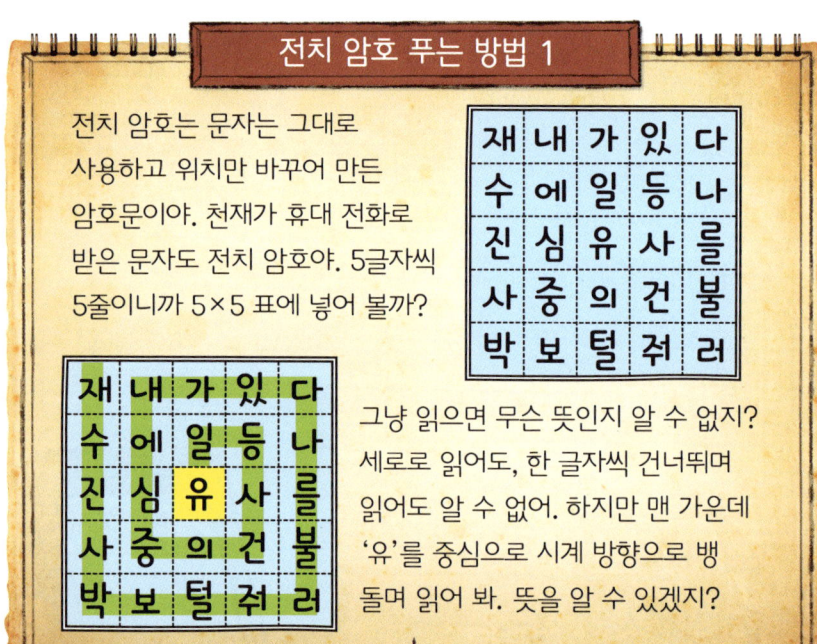

해독이 거의 불가능했던 나바호의 암호

제2차 세계대전은 암호 전쟁이었다. 한쪽이 새로운 암호를 개발하면 다른 쪽이 해독하고, 그럼 또 다른 암호를 개발하는 머리 싸움이 계속되었다.

그러던 어느 날 일본군은 미군의 무전을 통해 전혀 새로운 암호를 듣게 되었다. 꺽꺽거리며 흥얼거리는 말, 미군의 새로운 암호인 나바호 암호였다.

나바호 암호는 북아메리카 원주민 '나바호'의 고유 언어로, 같은 나바호 원주민들이 아니면 해독이 불가능할 정도로 복잡했다.

미군은 나바호 원주민들을 통신병으로 뽑아 나바호 언어로 비밀 정보를 전달했다. 나바호 암호는 나바호 병사가 없는 독일군과 일본군이 절대 이해할 수 없고, 암호를 보내고 받는 나바호들만이 알아들을 수 있는 최고의 암호였다.

기억을 잃어버린
안천재

유일등 사건의 중심에 내가 있다.
나를 불러 줘.
　　　　　-털보 박사 진수재

　암호를 확인한 순간, 나는 교실을 뛰쳐나왔어. 털보 박사 진수재라면 돌아가신 지한이의 아빠야. 지한이를 구하기 위해 지한이 아빠를 불러야 한다면 집에 가야겠지. 학교에서 유령을 부를 순 없잖아.
　난 전속력으로 달려 집에 도착했어. 그런데 현관문을 벌컥 열었을 때 뜻밖의 문제가 나를 반겼지.

"천재야, 너 왜 벌써 왔어? 학교는?"

엄마가 나를 쳐다보며 물었어. 엄마한테 뭐라고 말하지? 유령을 부르러 왔다고 할 수는 없고…….

"어, 그게……."

둘러댈 말을 생각하는데 갑자기 머리가 핑 돌면서 다리에 힘이 빠졌어. 엄마가 얼른 나를 붙잡았어.

"너, 아프니? 그래서 조퇴한 거야? 응?"

나는 멍하니 엄마를 쳐다보았어. 나도 모르겠거든. 이 시간에 왜 집에 왔는지, 어디가 아픈지 아무것도 기억이 나지 않았지.

바로 그때 우리 집 초인종이 울렸어. 유일등이었어.

일등이는 걱정스러운 눈빛으로 나를 쳐다보고는 우리

엄마에게 공손하게 말했지.

"안녕하세요, 전 유일등이에요. 천재가 아파서 조퇴했는데, 가방을 놓고 가서 절친인 제가 가져다 주러 왔어요."

"어, 그랬어? 별로 아파 보이진 않는다만, 암튼 고맙다. 좀 들어와."

나와 일등이는 엄마가 만들어 준 생과일 주스를 마시며 게임을 하였어. 우린 절친이니까 전에도 이렇게 사이좋게 놀았겠지? 뭔가 어색하긴 하지만……. 그런데 정말 어색한 건 우리 엄마였어. 자꾸 우리 방에 들어와 일등이 얼굴을 쳐다보는 거야.

"왜, 엄마!"

"너, 우리 천재 친구인 진짜 천재 맞지? 늘 일등만 한다는."

엄마는 고개를 갸웃거리며 물었어.

"네."

일등이는 수줍게 고개를 끄덕였어.

"머리 모양이 바뀌었나, 살이 쪘나? 성형 수술을 했을 리는 없고……."

"왜 그러시는데요?"

 살쪘다는 말이 듣기 싫었는지 일등이의 목소리가 좀 날카로웠어.
 "아니, 천재 친구 진짜 천재는 이렇게 안 생겼던 것 같은데, 완전 생머리에 작은 눈, 두꺼운 안경……. 보기에도 딱 책만 읽는 진짜 천재처럼 생겼었는데……."
 순간 일등이의 입술이 파르르 떨렸어.
 "아, 됐어. 엄마는 왜 사람 겉모습 가지고 뭐라 그래? 우린 시험공부 해야 하니까 좀 나가 줘."

나는 엄마를 떠밀어 내쫓고 시험공부를 시작했어. 이름처럼 일등만 하는 일등이는 어려운 수학 문제를 참 쉽게 설명해 주었어. 역시 내 친구야.

수학 공부에 한창 빠져 있을 때 내 휴대 전화로 문자가 왔어. 무슨 뜻인지 알 수 없는 이상한 문자였어.

수친천재학지절
를이으러찾와한

"이상한 문자가 왔네."
"지워 버려."

일등이가 차갑게 말했어. 하지만 난 문자를 지우지 않았어. 내 취미가 자기 전에 그 날 받은 문자를 다시 확인하는 것이거든.

그날 밤도 나는 문자를 하나씩 다시 확인해 보았어.

"수친천재학지절를이으러찾와한? 도대체 무슨 뜻이람? 한글을 제대로 모르는 사람이 보냈나?"

보낸 사람을 확인해 보았어. 이름은 없고 전화번호만 찍혀 있었지.

"3256471, 3256471."

왠지 익숙한 번호였어. 내가 자주 전화하는 절친 번호 같았지. 나는 번호를 중얼거리며 이상한 문장을 다시 한번 읽었어. 뭔가 암호 냄새가 나는데?

"글자의 순서를 말하는 건가?"

세 번째 글자 '천', 두 번째 글자 '친', 다섯 번째 글자 '학'⋯⋯ 천친학⋯⋯?

"이건 아닌 것 같아. 어? 전화번호를 문자와 대응해 순서대로 다시 써 보면?"

절친 수학 천재 지한이를 찾으러 와.

"그래, 이거야."
이런! 암호는 풀었는데 도통 무슨 뜻인지 모르겠네. 절친 수학 천재 지한이라고? 내 절친은 유일등이야. 오늘만 해도 내가 아파서 조퇴하니까 걱정이 되어서 우리 집에 문병까지 왔잖아. 그런데 내 절친이 지한이라고? 난 지한이라는 이름을 가진 애는 알지도 못해.

내가 아는 유일한 수학 천재도 일등이야. 일등이는 매년 수학경시대회에 나가 상을 탔고, 내가 모르는 어려운 수학 문제를 술술 가르쳐 주지. 지한이라는 애가 누군지는 모르겠지만 일등이보다 수학을 잘하지는 않을걸! 그건 불가능하다고!

"이 암호는 장난 문자가 분명해. 누구야? 이런 장난 문자를 보내는 사람이? 에잇!"

나는 장난 문자를 지워 버리기로 마음먹었어. 그런데 삭제 버튼을 누르려는 순간, 살짝 망설여지는 거 있지? '에라, 모르겠다!' 하는 마음으로 삭제를 꾹 눌렀어.

순간 덜컹덜컹 심장이 크게 뛰었어. 왜 이러지? 고작 문자 하나를 지웠을 뿐인데.

전치 암호 푸는 방법 2

'수친천재학지절를이으러찾와한'은 문자의 위치를 바꿔 만든 전치 암호야. 암호 키는 지한이네 전화번호인 3 2 5 6 4 7 1.

수친천재학지절	를이으러찾와한
3 2 5 6 4 7 1	3 2 5 6 4 7 1

암호 키 순서로 글자를 옮기면, '절친수학천재지한이를찾으러와'. 또 다른 전치 암호를 풀어 볼까?

1479	도자기와붓을쥐봐요
1368	수도학군단유소령님
1358	안녕천안재빨리가요

암호 키의 숫자에 해당하는 칸의 글자들만 나열하면 돼. 정답은 '도와줘요 수학유령 안천재가'야.

12

털보 유령이 보낸 암호 지도

 나는 밥을 먹자마자 뭣에 홀린 듯 침대로 들어갔어. 이상하게도 눈이 막 저절로 감겼지. 나 아무래도 <mark>잠의 유령에 홀렸나 봐.</mark> 나는 눈을 감자마자 잠이 들더니 꿈속에서 밝은빛국민학교, 30년 전의 우리 학교 교실에 앉아 있지 뭐야. 창밖으로는 귀신의 긴 머리카락처럼 가지를 축축 늘어뜨린 버드나무가 보이고, 썩은 창틀에서는 애벌레가 꿈틀꿈틀 기어 나오고 있었지.
 나는 삐걱거리는 낡은 의자에 앉아 짝인 일등이를 쳐다보고 있었어. 그때 선생님이 성적표를 흔들며 말했지.
 "4학년 기말고사 일등은 진수재예요. 모두 수재에게

박수쳐 주세요."

진수재라는 학생이 자리에서 일어났어. 진수재는 얼굴은 분명 초등학생인데 수염이 난 털보•카린•이였어. 나는 너무 웃겨서 낄낄거렸어. 하지만 다른 학생들은 아무렇지도 않은 얼굴로 박수들을 쳤어. 일등이만 빼고.

일등이는 얼굴이 벌게져서 이를 부득부득 갈았어. 성난 고릴라처럼 콧김을 슝슝 뿜으며 구시렁거렸지.

"수재가 또 일등이라고? 내가 더 열심히 공부했는데. 시험지까지 훔쳤는데. 복수할 거야, 복수할 거야. 네게 복수하지 못하면 네 아들에게라도 할 거야. 두고 봐. 두고 보라고!"

일등이의 눈빛이 활활 타올랐어. 그 눈빛이 너무 무서워서 나는 털보 수재 어린이 뒤로 숨어 버렸어. 그때 수재 어린이가 뒤로 홱 돌며 말했지.

"천재야, 유일등 사건의 중심에 내가 있다. 나를 불러 줘."

어디서 들어본 소리네. 도대체 이 꿈은 뭐지? 놀라서 주위를 두리번거리는데 생머리에 작은 눈, 두꺼운 안경을 쓴 남자 어린이가 나타났어.

"절친 수학 천재 지한이를 찾으러 와."

저 애는 대체 누구지? 낯이 익는데, 왠지 가슴이 뜨거워지는데, 손을 잡고 싶은데. 나는 안경 쓴 아이에게 손을 뻗었어. 하지만 내 손이 닿기도 전에 일등이가 활활 불타는 새가 되어 날아와 아이를 채 가고 말았어. 멀리 사라지는 아이를 보며 나는 숨이 턱 막혔어.

도와줘. 숨을 쉴 수가 없어. 날 좀 깨워 줘.

맞아, 이건 꿈이었지? 난 꿈에서 깨고 싶어. 누가 나 좀 흔들어 줘, 제발.

"천재야, 천재야, 일어나."

누군가 나를 흔들었어. 아! 다행이다. 나는 번쩍 눈을 떴어.

"천재야, 나 기억나니?"

동실동실한 유령이 나를 걱정스레 내려다보았어.

어디서 보았더라? 머리가 깨질 것처럼 아팠어. 나는 다시 눈을 감았다가 떴어. 모든 게 기억났어.

"탐정 유령 마방진."

"오! 네 절친은? 네 절친도 기억나?"

"절친? 유일등……, 아니 진지한이요?"

"그래. 기억이 돌아왔구나. 다행이야."

탐정 유령은 그동안의 일을 설명해 주었어. 유일등이 지한이를 납치한 뒤 우리 모두에게서 지한이에 대한 기억을 빼앗았대. 그래서 나는 지한이 아빠 진수재 박사님께 암호 메시지를 받고도 잊어버리고, 지한이의 암호 메시지도 이해하지 못한 거야. 탐정 유령은 콘센트에 발가락을 끼우고 벌렁 누워 코딱지를 팠어.

"너 때문에 내가 얼마나 고생한 줄 알아? 네 꿈에

나온 털보랑 지한이 다 내가 변한 거잖아. 어휴, 꿈을 만드느라 에너지를 너무 많이 썼더니 배가 다 고프네. **이걸로 충전 좀 해야겠다.**"

그러고 보니 늘 불룩한 탐정 유령의 배가 쏙 들어갔어.

"이건 지한이 아빠 털보 박사가 보낸 **암호 지도**야. 너더러 꼭 지한이를 구해 달라고 하더라. 자기 대신 안아 주겠다는 약속, 지켜 달라더라."

탐정 유령은 내게 지도를 던져 줬어.

나는 꼬깃꼬깃 접힌 지도를 펼쳤어. 지도에는

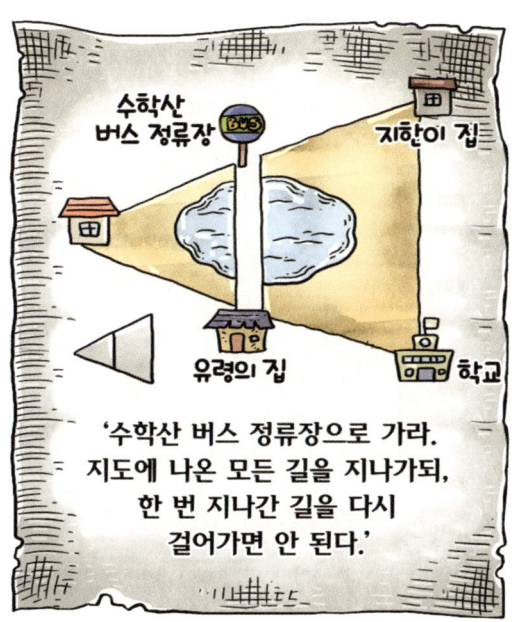

'수학산 버스 정류장으로 가라.
지도에 나온 모든 길을 지나가되,
한 번 지나간 길을 다시
걸어가면 안 된다.'

알쏭달쏭한 말도 적혀 있었지.

"수학산 버스 정류장? 우리 동네에 그런 데도 있었나? 암튼 출발! 얼른 따라와요, 탐정 유령."

밖은 벌써 어두워지고 있었지만 나는 겁도 없이 집을 나섰어. 내 친구 지한이가 어딘가에 잡혀 있으니까. 어서 구해야 해.

나는 우리 집 대문을 나서서 곧장 수학산 버스 정류장이 있다는 쪽으로 걸었어.

"어? 바로 가도 돼? 이 길을 모두 뱅 돌라잖아."

탐정 유령이 말했지만 난 듣는 척도 하지 않았어. 하지만 탐정 유령은 계속 종알댔어.

"시간도 없는데 언제 모든 길을 다 지나가고, 한 번 지난 길을 다시 안 가고 그래요?"

나는 탐정 유령한테 소리를 빽 질렀어.

"그래도 규칙인가 본데……."

탐정 유령은 계속 구시렁거렸지.

"이런 말도 안 되는 규칙이 어디 있어요? 그냥 가서 부딪히는 거죠, 뭐."

하지만 아무리 걸어도 수학산 버스 정류장이 나오지 않았어. 역시 지도에서 시키는 대로 해야 하나 봐.

"천재 넌 아직도 머리보다 손발을 쓰는 데 능하구나. 유령이 보낸 지도가 그냥 평범한 지도겠냐? 암호에 나온 대로 하지 않으면 절대로 길이 안 나오는 유령 지도일 거라고! 그걸 꼭 힘들게 걸어 봐야 알겠냐? 진짜 천재가 되려면 멀었다니까!"

"어휴, 진즉 말하지 그걸 왜 이제 말해요? 다리 아프게."

나는 괜히 탐정 유령에게 화를 내고 다시 집으로 돌아갔어. 하지만 집에서 출발해서 걸으니 지도에 나온 길을 겹치지 않게 모두 지나갈 수 없었어.

"도대체 어쩌라는 거야? 시간도 없고, 밤은 깊은데 어쩌라는 거야?"

나는 지도를 팽개쳤어. 눈물이 핑 돌았어.

"모든 일은 시작이 중요해. 머리를 써서 시작하라고. 발부터 나가지 말고."

"그냥 좀 가르쳐 주면 안 돼요? 왜 감질나게 힌트만 주냐고요. 머리 엄청 똑똑한 탐정 유령이라면서요! 빨리 가르쳐 줘요!"

"나도 그러고 싶지만 이건 네 암호 지도야. 네가 풀지 않으면 길이 안 나온다고!"

으으으, 나는 머리를 쥐어뜯었어. 어쩌다 내 인생이

 이렇게 꼬였지? 그때 내 손가락에 색연필이 하나 꽂혔어. 탐정 유령이 지도를 잘 살펴보라고 꽂아 준 거야. 나는 찬찬히 지도를 살폈어. 어디서 시작하면 수학산 버스 정류장까지 모든 길을 단 한 번도 겹치지 않게 걸어서 갈 수 있을까?

 야! 찾았다. 머리를 쓰면 길이 열리는구나. 나는 지도에 나온 대로 모든 길을 한 번에 돌아 수학산 버스

정류장에 이르렀어. 내가 수학산 버스 정류장에 도착하자마자 온통 숫자가 그려진 노란 버스가 멈춰 섰어. 나와 탐정 유령은 수학 버스에 훌쩍 올라탔어.

겹치지 않고 한 번에 모두 지나가는 방법

한 번 지나간 길을 다시 걸어가지 않으면서 지도에 나온 길을 모두 지나는 방법은? 수학자 오일러가 찾아낸 방법을 가르쳐 줄게. 오일러는 이 방법을 붓을 떼지 않고 한 번에 그린다 하여 '한붓그리기'라고 했어.

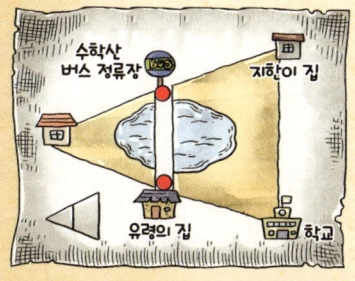

먼저 각 길이 마주치는 교차 지점을 잘 봐. 마주치는 길의 개수가 홀수인 교차 지점이 하나도 없거나 2개이면 한 번에 돌 수 있어. 그렇지 않으면 같은 길을 두 번 지나지 않고는 한 바퀴를 돌 수 없어.

이 지도에는 홀수 교차점(●)의 개수가 2개이므로 한붓그리기가 가능해. 단, 아무 점에서나 시작하면 안 돼. 홀수 교차점이 2개인 경우, 홀수 교차점에서 시작해야 해. 유령의 집에서 시작하면 지나간 길을 다시 걸어가지 않고 수학산 버스 정류장에 갈 수 있어.

13

무시무시한 공동묘지의 숫자 삼각형

나는 맨 앞에 자리를 잡고 앉았어. 탐정 유령도 내 옆에 얌전히 앉아 안전띠를 맸어. 그런데 수학 버스는 출발하지 않았어. 탈 사람이 더 있나 싶어 기다렸는데, 아무도 타지 않았어.

"왜 안 가요?"

나는 운전석에 대고 말했어. 운전석 의자 옆으로 팔이 길게 나오더니 네모난 상자를 툭툭 쳤어.

"뭐예요?"

"돈. 버스비 내란 말이잖아. 내 것까지 내라."

탐정 유령이 내 어깨를 툭툭 치며 말했어. 아! 나는

주머니를 뒤져 천 원짜리를 꺼냈어. 빈손으로 나왔으면 큰일 날 뻔했군.

"얼마예요?"

운전석에서 팔이 길게 뻗어 나오더니 사진 한 장을 내밀었어.

가족사진도 아니고, 수학산 안내 사진도 아니고, 묘비 사진이 왜……? 그때 탐정 유령은 손을 번쩍 들고 소리쳤어.

"나, 나, 나. 수수께끼는 내가 맞힐래. 저요, 저요."

어휴, 죽어서 유령이 되어 가지고도 철딱서니 없기는.

"오징어는 5, 할아버지는 영감님이니까 0. 음, 비둘기는 뭐지?"

"음, 비둘기는 구구구 하고 우니까 9 아닐까요?"

나는 머릿속에 떠오르는 대로 말했어. 탐정 유령은 놀란 눈으로 나를 쳐다보았지.

"오! 조금씩 똑똑해지고 있는걸! 날 닮아 가고 있어. 그럼 950원이네. 내 것까지 두 배를 내도록 해."

쳇! 초등학생한테 버스비를 뺏다니. 나는 이천 원을 상자에 넣고 거스름돈 백 원을 받으며 투덜거렸지.

다시 자리에 앉아 안전띠를 막 맨 순간 버스가 출발했어. 수학 버스는 심하게 씽씽 달렸어. 버스 안에 앉아 있어도 머리카락이 뒤쪽으로 날릴 정도로 씽씽.

"천천히, 천천히!"

탐정 유령이 안전띠를 부여잡고 빽빽 소리를 질렀어.

"5분 빨리 가려다 50년 먼저 간다고요!"

나도 눈물을 질금거리며 소리를 질렀어. 하지만 버스는 아랑곳하지 않고 날듯이 달렸지. 창밖은 검은 어둠뿐이었어. 우리는 마치 블랙홀의 검은 공간 속으로 빠져드는 것

같았지.

버스는 출발할 때처럼 느닷없이 멈추더니 나와 탐정 유령을 뱉어 놓듯 내려놓았어.

뭐? 묘, 묘, 묘지라고? 그것도 공동묘지?

으스스한 푯말에 나는 그만 얼어붙고 말았어.

"수학산이라고 했지, 공동묘지라고는 안 했잖아요."

"산에 묘지가 있는 건 자연스러운 현상이야."

"난 싫은데. 탐정 유령님은 안 무서워요?"

"무섭긴 뭐가 무섭냐? 동료 수학자 유령들을 만날 생각을 하니 좋기만 하구만. 내 전공 분야는 마방진이니까 마방진 겨루기를 해야 일등을 하겠지?"

탐정 유령은 내 마음도 모르고 재잘재잘 떠들었어. 하지만 난 정말 발걸음이 떨어지지 않았어.

"어서 가자. 네 절친이 기다리잖아."

"발걸음이 떨어지지 않아요."

"유령과 한 몸처럼 붙어 다니는 녀석이 공동묘지에 겁을 먹고 그래. 어서 가자니까."

탐정 유령이 재촉했어. 하지만 난 정말 발걸음이 떨어지지 않았다고. 접착제라도 붙은 것처럼 발이 땅에 딱 붙었다니까!

문득 발아래를 내려다보니 내가 숫자로 이루어진 삼각형 위에 서 있었어. 탐정 유령이 위로 붕 떠올랐어.

"수학 유령들이 장난을 쳤나 봐. 이 삼각형의 빈칸에 들어갈 숫자를 맞춰야 발이 떨어져. 오! 빈칸이 꽤 많은데 그걸 다 채울 수 있겠어?"

나는 삼각형에 있는 숫자를 훑어보았어. 삼각형의 양쪽 가장자리에는 계속 1이 있고, 밑변으로 갈수록 숫자가 점점 커졌고, 군데군데 빈칸도 눈에 띄었어.

"덧셈을 해야 하는 거예요?"

나는 탐정 유령에게 물었어.

"아마도. 한 번이라도 틀리면 함정에 빠질지 모르니까 틀리지 않는 게 좋을 거야."

겁이 덜컥 났어. 첫 번째 빈칸에는 빈칸 위에 1이 두 개니까 1+1=2. 아마 2가 들어갈 것 같아. 하지만 2가 아니면? 내가 수학 유령이라면, 또 인간 어린이를 괴롭히고 싶다면, 절대로 1+1처럼 쉬운 문제를 내지는 않을 텐데. 나는 답을 구해 놓고도 우물쭈물하며 쓰지 못했어.

"그렇게 겁내면서 평생 여기 있을래? 함정에 빠지든 여길 빠져나가 네 절친을 구하든, 뭐라도 해야 할 거 아니야?"

탐정 유령은 내 손에 분필을 쥐어 줬어. 나는 손을 덜덜 떨면서 2라고 썼어. **발이 딱 떨어졌어.** 후유, 나는 다른 칸으로 발을 옮기며 빈칸을 채우기 시작했어. 하지만 빈칸을 채우고 나면 한 줄이 또 생기고, 또 생겼어. 이러다가는 지한이를 구하기는커녕 숫자 삼각형에 갇혀 꼬부랑 할아버지가 되고 말 거야. 나는 분필을 흔들며

말했어.

"이 숫자 삼각형은 무한해요. 숫자가 끝이 없으니까요! 계속 문제 내고, 계속 문제 풀면 난 언제 지한이를 구하러 가죠?"

그 순간 내 발밑이 쑥 꺼지는 느낌이 들었어. 나는 컴컴한 어둠 속으로 빨려 들어갔어.

숫자 삼각형을 완성하라!

이 숫자 삼각형은 파스칼의 삼각형이라고 해.
이것은 피보나치 수의 순서대로 만든 거야.
어떤 규칙에 따라 차례로 나열된 숫자들을 '수열'이라고 하는데, 수학자 피보나치가 발견한 수열을 '피보나치 수열'이라고 하지.
이 수열은 앞의 두 수를 더해 나온 수가
뒤에 오는 규칙을 가지고 있어.
1부터 시작했으면 1, 1, 2, 3, 5, 8……
이렇게 끝없이 계속되는 거야.
파스칼의 삼각형의 빈칸을 채우면
오른쪽 그림처럼 돼.

무서운 유령을
부르는 부적

눈을 떠 보니 나는 공동묘지 한가운데에 서 있었어. 내 주위엔 온통 으스스한 묘비들뿐. 이가 딱딱 부딪힐 만큼 온몸이 덜덜 떨렸어. 탐정 유령마저 묘비 사이를 휙휙 날아다니며 정신을 쏙 빼놓았지.

"수학자들의 묘비란 묘비는 다 있어. 피타고라스, 아르키메데스, 가우스, 오일러, 소피 제르맹, 힐베르트, 최석정, 남병길……. 근데 내 묘비는 왜 없는 거야? 나처럼 똑똑한 수학자의 묘비가 왜!"

탐정 유령이 울부짖었어. 그때 어둠

 속에서 웬 아줌마가 긴 머리카락을 휘날리며 튀어나왔지. 아줌마는 탐정 유령을 쳐다보며 손바닥을 펼쳤어. 그러자 손바닥이 터치 스크린으로 변신하는 게 아니겠어? 분명 유령 같은데 엄청 현대적으로 보였어. 아줌마 유령은 터치 스크린 화면을 휙휙 넘기며 말했어.
 "음, 당신은 마방진 씨로군요. 수학 실력은 꽤 괜찮은 편이네요. 하지만 당신은 수학자가 아니라 탐정으로 분류돼 있어요."

홈즈 유령이 세운 탐정들의 공동묘지를 찾아가 보지 그래요?"

"쳇, 거긴 벌써 가 봤어요. 거기에도 내 묘비는 없었어요."

탐정 유령은 팩 토라져서 사라졌어. 공동묘지 한가운데에 나를 버려두고서. 처녀 귀신만큼 무서운 아줌마 유령 앞에 나를 내팽개치고 말이야.

"넌 누구니? 이름을 찾을 수 없구나. 수학자는 아니고 유령은 더더욱 아닌 것 같은데. 여기 한번 들어오면 나가기 힘들다는 건 알고 있겠지?"

너무 무서워서 입이 딱 얼어붙었어. 다행히 아줌마 유령은 대답을 재촉하지 않았어. 나는 두 주먹을 불끈 쥐고 서서 마음속에서 용기를 끌어올렸어. 마침내 입이 열렸어.

"**제 친구 진지한을 구하러 왔어요.** 여기 갇혀 있을 거예요."

"네 친구라면 인간 어린이? 하지만 여기에 인간은 없단다. 그 말은 너도 곧 인간이 아니게 된다는 뜻! 하지만 내가 내는 문제를 풀면 살아 나가게 해 주지. 나도 그렇게 나쁜 유령은 아니니까."

아줌마 유령은 소름 끼치는 미소를 지으며 말하더니

긴 손가락으로 동그라미를 그렸어. 그러자 어둠 속에서 유령 얼굴이 튀어나왔어. 맨 처음엔 하나, 그 옆에 또 하나, 그 밑에 또 하나. 얼굴들은 서로 꼭 붙어서 같은 무늬를 만들고 있었지.

얼굴 유령들은 그 수가 점점 늘어나더니 내게 갑자기 달려들었어. 공포 영화가 따로 없었지. 나는 반쯤 울면서 아줌마 유령을 쳐다보았어.

"겁내라고 보여 준 건 아니야. 이게 내 묘비에 적힌 문제야. 수학자들은 수학 문제를 자기 묘비명으로 쓰곤 해.

나는 쪽매맞춤 문제를 적어 뒀지. 다음 도형들 중 쪽매맞춤을 할 수 없는 것은?"

"쪽매맞춤이 뭔데요? 달려드는 유령 얼굴들하고 무슨 상관이 있나요?"

아줌마 유령은 어깨를 으쓱했어. 대답을 해 주지 않겠다는 뜻이었지.

"탐정 유령님, 어딨어요? 쪽매맞춤이 뭐냐고요!"

멀리서 탐정 유령의 목소리가 들렸어.

"어휴, 혼자 좀 해결하면 안 되냐? 쪽매맞춤은 똑같은 모양의 도형을 이용해 어떤 공간을 빈틈없게, 겹치지 않게 채우는 거야. 욕실의 타일을 생각하면 돼."

탐정 유령은 도대체 어디서 뭘 하는지, 나를 도울 생각이 있는지, 이럴 거면 뭣하러 하늘에서 내려왔는지 모르겠어. 그래도 욕실 타일 문제 정도는 나 혼자 해결할 수 있겠지? 난 유령 덕분에 점점 똑똑해지고 있으니 말이야.

언뜻 생각해 보면 정삼각형, 정사각형, 정육각형, 정팔각형 모두 다 쪽매맞춤이 가능한 것 같았어. 그렇다면 이런 문제를 안 냈겠지? 나는 예전에 그랬던 것처럼 그냥 찍을까 생각했어. 하지만 내 특기를 살려 보기로 했지. 머리보다 몸을 더 잘 쓰는 내 특기 말이야. 소중한 내 몸을 써서 직접 쪽매맞춤을 그려 보는 거야.

나는 돌멩이를 하나 집어 들고 정삼각형부터 그려 보았어. 정삼각형을 여러 개 붙여 그려 보고, 정사각형도 여러 개 붙여 그려 보니 2개 다 쪽매맞춤이 가능하다는 걸 알았어. 정육각형은 그려 보지 않아도 알았어. 꿀벌의 집이 정육각형의 방을 여러 개 붙여 만든 거잖아. 이제 봤더니 꿀벌들이 나보다 수학을 더 잘하는 것 같은데?

4가지 중 3가지가 쪽매맞춤이 가능하다면 불가능한 것은 남은 1가지, 정팔각형. 이게 바로 논리적인 사고지! 음하하하, 역시 난 점점 더 똑똑해지고 있어.

"정팔각형!"

"오! 보기보다 똑똑한데! 그럼 다음 문제."

아줌마 유령은 치사하게 문제를 또 내겠다고 했어. 내가 틀릴 때까지 문제를 낼 속셈이 분명해. 쳇, 나라고 이대로 당할까 봐? 더는 유령에게 놀아나지 않겠어. 나는 가슴에 고이 품고 있던 부적을 내밀었어.

"유령들은 다 물러가라!"

그런데 내 말이 끝나기도 전에 유령들이 우르르 몰려왔어. 호기심 많은 수학 유령들은 내 부적이 어떻게 생겼는지 궁금해서 몰려온 거야. 이 부적, 알고 봤더니 유령을 쫓는 게 아니라 부르는 거였어? 나는 그만 울상이 되었어.

"촌스럽게 부적으로 우릴 물리치려고? 우린 이성적이고 논리적인 수학자들이란다, 꼬마야. 미신은 안 믿어."

아줌마 유령은 아예 내 부적을 뺏어 갔어. 난 마지막 희망을 품으며 아줌마 유령의 손을 쳐다보았어. 진짜 부적이라면 유령 손에서 폭발하거나 유령을 감전시키거나 뭐 이런 일이 벌어질지도 모르니까. 하지만 아줌마 유령은 부적을 팔랑팔랑 흔들며 요란하게 웃었어.

"오, 세상에! 이 부적은! 호호호호! 이거 어디서 난 거야? 네 정체는 뭐지?"

이젠 끝장이었어. 엄마한테 작별 인사도 못하고, 지한이도 구하지 못하고 여기서 유령이 되는구나. 나는 눈을 질끈 감았어.

"유령 여러분, 이 아이에게서 당장 떨어져요. 얜 내 손님이에요."

부적은 미신이라고 할 때는 언제고, 아줌마 유령은 막 호들갑을 떨며 유령들을 쫓았어. 이 부적, 느림보지만 진짜였던 거야? 공포를 충분히 맛보게 한 뒤 유령을 쫓아 주는 거였어? 아무튼 난 아줌마 유령의 질문에 냉큼 대답했지.

"전 안천재예요. 이건 안 돌 자 삼 자 쓰는 우리 할아버지가 준 거고요."

"안돌삼이라고? 네가 돌삼이 손자야?"

아줌마 유령은 믿기지 않는 얘기라도 들은 것처럼 놀라며 되물었어.

"네. 맞아요."

"그러고 보니 엉뚱하고 귀여운 게 돌삼이랑 닮긴 닮았네. 아하하하하하, 이히히히히히!"

이거 칭찬이야, 놀림이야? 난 우리 할아버지가 귀엽다는 생각은 한 번도 해 본 적이 없어. 그리고 아줌마 유령은 왜 저렇게 귀신처럼 기분 나쁘게 웃지? 하긴, 귀신이 맞지. 죽어서 유령이 됐으니까.

"애야, 이 부적을 그린 사람이 바로 나란다. 돌삼이가 우리 집 머슴으로 일할 때 도깨비를 하도 무서워하기에 그려 줬지. 이걸 아직도 갖고 있었구나."

"그럼 아줌마가 연이 누나예요?"

"응. 내가 이연이야. 수학자가 되었단다. 근데 돌삼이는 아직 살아 있니?"

"그럼요. 우리 할아버지가 얼마나 건강하다고요. 백 살까지도 끄떡없을……."

나는 말을 하다 말고 놀라서 아줌마를 쳐다보았어. 아줌마가 이연이라고? 유일등의 엄마 이름도 이연이인데?

"아줌마, 혹시 유일등 알아요?"

"네가 우리 아들을 어떻게 알지?"

우리는 서로의 얼굴을 뚫어져라 쳐다보았어.

쪽매맞춤이 가능한 정다각형은?

쪽매맞춤(테셀레이션)은 똑같은 모양의 도형을 이용해 평면이나 공간을 빈틈없이 메우는 거야.

정다각형 중 쪽매맞춤이 가능한 도형은 정삼각형, 정사각형, 정육각형뿐이야.

정다각형이란, 변의 길이가 같고 내각의 크기가 모두 같은 다각형을 말하지.

도형이 빈틈없이 만나려면 만나는 점이 360°가 되어야 해. 정삼각형은 한 내각이 60°로, 한 꼭짓점에 6개를 맞붙이면 360°가 돼 빈틈없이 만날 수 있어. 정사각형은 한 내각이 90°로, 4개가 만나면 쪽매맞춤을 할 수 있고, 정육각형은 한 내각이 120°로, 3개가 만나면 돼.

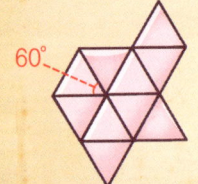

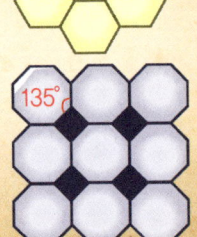

하지만 정팔각형은 한 내각이 135°. 도형이 만나는 꼭짓점이 360°로 채워지지 않아.

절대로 깨지지 않을 암호

   제2차 세계대전 때 독일군과 일본군을 난감하게 했던 나바호 암호도 나바호 언어를 배우면 결국 풀 수 있었다. 하지만 최고의 암호 전문가들도 절대로 깨지지 않을 것이라 생각하는 완벽한 암호가 나왔다. 바로 양자 암호다.

   양자는 더 이상 나눌 수 없는 에너지의 최소 단위를 말하며, 누군가 양자를 관찰하면 그 상태가 변해 버리는 독특한 성질이 있다. 양자 암호가 완벽한 암호인 이유도 바로 이런 성질 때문이다. 누군가 암호를 풀려는 사람이 들여다보면 이미 다른 암호로 바뀌기 때문에 원래 암호를 알 수 없는 것이다. 또 암호를 받은 사람은 중간에 암호를 풀려는 시도가 있었다는 것도 알아챌 수 있다.

   2003년 미국의 한 회사에서 누구라도 완벽한 암호를 만들 수 있는 양자 암호 기계 '나바호'를 판매하기 시작했다. 하지만 미국 정부가 나바호를 다른 나라에 팔지 못하게 했기 때문에 우리는 나바호를 쓸 수 없다.

1835	3471	7501
3471	7501	0184
7501	0184	8145
0184	8145	4456
8145	4456	5517
4456	5517	1610
5517	1610	1740
1610	1740	4052
1740	4052	5060
4052	5060	6271
5060	6271	7005
6271	7005	0106
7005	0106	0528
0106	0528	2609
0528	2609	0810

15

묘비에 적힌
암호를 풀어라

"아줌마 아들이, 유일등이 내 친구 지한이를 납치했어요. 여기 어딘가에 숨겨 놓았을 거예요!"

눈물이 왈칵 터졌어.

"우리 일등이가? 그럴 리 없어. 일등이가 얼마나 착한 앤데. 네가 뭘 착각한 걸 거야."

"나도 아줌마를 믿고 싶어요. 아줌마는 우리 할아버지의 친구니까요. 하지만 지금 우리 관계가 얼마나 심하게 엉망진창인지 모르겠어요? 우리는 친구와 라이벌, 사람과 유령, 그리고 30여 년의 세월이 얽힌 지독하게도 복잡한 관계라고요."

나는 아줌마에게 우리 모두의 관계도를 그려서 보여 주고 그동안의 일을 다 털어놓았어.

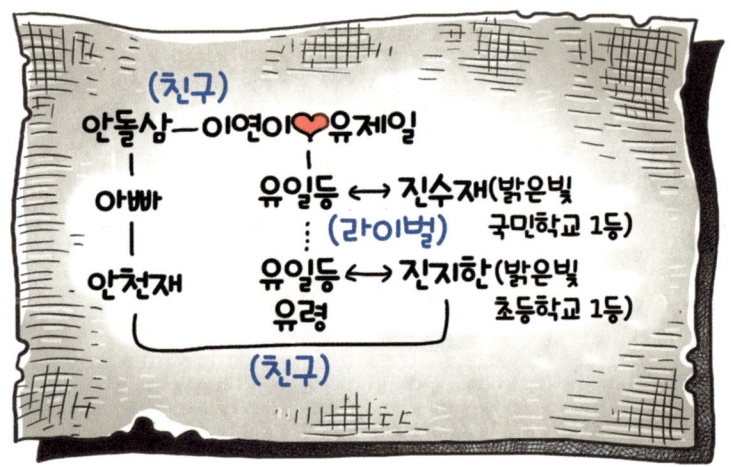

나처럼 겁 많은 초등학생이 유령이 득시글거리는 수학자들의 공동묘지까지 오게 된 사연을 말이야.

아줌마 유령은 두 손으로 얼굴을 감싸며 흐느꼈어. 아줌마 유령의 눈물 한 방울이 내 손등으로 떨어졌어. 숨결까지 차가운 유령인데도 눈물은 뜨거웠어.

아줌마 유령의 뜨거운 눈물을 보니 내 마음도 편치 않았어. 난 마음에도 없는 소릴 해 버렸지.

"지한이만 찾으면 돼요. 유일등을 원망할 생각은 없어요."

　천만에. 난 지한이와 함께 백 년 동안 유일등의 흉을 볼 작정이었다고.

　"아줌마, 유일등이 지한이를 어디에 숨겼을까요?"

　"모르겠구나. 미안하다. 나는 일등이에 대해 아는 게 없어. 나는 연구에 빠져 있느라 일등이를 잘 돌보지 못했어. 성적이 좋으면 잘 지내는 것이려니 생각했어. 일등이는 늘 2등을 하니까 밝은빛국민학교에서 두 번째로 잘 지내는 줄 알았지."

　여기 와서 일등이 엄마를 만나면 해결될 줄 알았는데 또 막다른 골목이었어. 마음속에서 화가 활활 타올랐어. 나는 아까부터 코빼기도 보이지 않는 탐정 유령에게 화풀이를 했지.

　"탐정 유령님, 도대체 어디 있는 거예요? 날 도와주러 왔다면서요! 다시는 나타나지 말아요. 우린 절교예요!"

　덜커덩 쿵! 묘비가 넘어가는 소리가 났어. 넘어간 묘비에 이마를 찧은 탐정 유령이 주먹만 한 혹을 달고 나타났어.

　"내가 지금 놀러 다니는

줄 아냐? 단서가 있을까 해서 묘비들을 살펴보는 중이야."

탐정 유령은 의미심장한 표정을 지으며 진짜 탐정처럼 수학자 아줌마 유령에게 질문을 시작했어.

"이연이 씨, 여기는 수학자들의 묘비가 있는 곳인데, 당신의 묘비 옆에 왜 유일등의 묘비가 있죠?"

탐정 유령은 정말 명탐정 홈즈처럼 날카로웠어.

"일등이는 수학자가 아니지만 특별히 내 옆에 묘비를 세워 주었어요. 일찍 죽은 아이가 안쓰러워서 말이에요. 일등이는 팔린드롬을 좋아했어요. 엄마 이름도 팔린드롬이라며. 그래서 묘비에 일등이가 평소 좋아한 팔린드롬 숫자 암호를 적어 두었죠."

팔린드롬이라면 '토마토' 아니야? 앞으로 읽어도 토마토, 뒤로 읽어도 토마토. 진짜 아줌마 유령의 이름도 팔린드롬이네. 앞으로 불러도 이연이, 뒤로 불러도 이연이. 팔린드롬 수라면 121, 1234321과 같은 수겠지?

"유일등의 묘비 밑에는 뭐가 있죠?"

탐정 유령은 갑자기 손바닥을 쫙 펼쳤어. 보슬보슬한 흙이 흘러내렸지.

"다른 묘비들 아래에는 잔디가 튼튼하게 자라고 있어요. 하지만 유일등의 묘비 아래의 흙은 이렇게 보슬보슬하죠.

그건 파헤쳐진 지 얼마 안 되었기 때문이에요. 이 아래에 뭐가 있죠?"

오! 탐정 유령의 이 날카로운 추리! 나는 손에 땀을 쥐며 아줌마 유령의 대답을 기다렸어. 아줌마 유령은 모든 것을 포기한 듯 고개를 저었어.

"나도 봤어요. 잔디가 곱게 자라고 있던 일등이 묘지에 파헤쳐진 흔적이 있더라고요. 별일 아닐 거라고 애써 생각했는데, 일등이가 왔다 갔나 봐요."

"유일등의 묘비 밑에는 뭐가 있죠?"

"아무것도. 빈 관이 있을 뿐이에요."

"빈 관? 바로 거기예요. 지한이는 거기 있을 거예요."

나는 맨손으로 유일등의 묘지에 달려들었어. 그 순간 느껴지는 엄청나게 찌릿하고, 뜨겁고, 매운 느낌. 강력한 전기였어. 아줌마가 나를 밀치지 않았다면 난 감전돼서 머리카락까지 홀랑 타 버렸을 거야.

"묘비에 적힌 암호를 풀어야 해. 그러면 묘지가 열리고 관이 위로 올라온단다."

   일등이의 묘비에 적힌 암호는 '세 자리 수로 만들 수 있는 팔린드롬 수는 모두 몇 개일까?'였어. 나는 탐정 유령을 쳐다보았어. 언제나처럼 어깨를 으쓱할 뿐 정답을 가르쳐 주지 않았지.

   쳇, 머리가 안 되면 몸을 쓰면 된다고요.
나는 땅바닥에 팔린드롬 수를 하나씩 적기 시작했어.

   111, 121, 131······.

"그걸 다 써서 세어 보려고?"
탐정 유령이 혀를 쯧쯧 찼어.
"그럼 어쩌라고요? 아무리 많아도 올해 안엔 끝나겠죠."
"일 년씩이나 걸리진 않을 거야. 겨우 90개밖에 안 되니까."
탐정 유령이 중얼거렸어. 나는 그 말을 놓치지 않고 잽싸게 묘비에 정답을 썼지.
"90."
순간 묘비가 뒤로 넘어가며 밑에 있던 관이 드러났어. 관은 흙 속에 묻혀 있었는데도 무척 깨끗했지.
나는 관 뚜껑을 뜯어낼 기세로 힘껏 잡아당겼어. 뚜껑이

열리고 세상에서 가장 반가운 얼굴이 고개를 불쑥 내밀었어.

"지한아!"

"천재야!"

아! 내 친구 진지한. 220. 네가 없어져서 284는 얼마나 외로웠는지 아니? 나는 관에서 지한이를 꺼내 주었어.

"네가 구하러 올 줄 알았어. 난 걱정도 안 했다니까."

핼쑥한 얼굴로 지한이가 씩 웃었어.

세 자리로 만들 수 있는 거울수는 몇 개?

팔린드롬 수는 토마토, 기러기처럼 앞으로 읽어도 뒤로 읽어도 똑같은 수야. 다른 말로 '거울수'라고도 하지.

3자리의 팔린드롬 수는 121처럼 일의 자리와 백의 자리 숫자가 같아야 해.

일의 자리와 백의 자리는, 0을 제외한 1에서 9까지의 수가 들어가고, 십의 자리는 0에서 9까지의 모든 수가 들어갈 수 있지.

101 111 121 131 …… 989 999

그래서 9×10=90개, 3자리 수로 만들 수 있는 팔린드롬 수는 90개야.

16

이등 유령의 아빠가 보낸 그림 암호 편지

번쩍번쩍. 느닷없이 번개가 치고, 콰르릉콰르릉 천둥이 울렸어. 번개는 날카로운 칼날처럼 내 옆에 와 꽂혔어. 천둥은 수학산 공동묘지를 무너뜨릴 기세로 울려 댔지.
"아악! 무서워, 무서워 죽겠어. 이미 죽었는데 번개 맞아 또 죽게 생겼잖아."
탐정 유령은 호들갑을 떨며 수선을 피웠어.
그때 무시무시한 천둥 번개를 뚫고 유일등이 나타났어.
"안천재, 물러서. 진지한을 그냥 보내 줄 순 없어."
나는 지한이의 손을 꼭 잡았어. 지한이도 내 손을 힘주어 잡았지. 어떤 어려움이 있어도 우린 살아서 이 끔찍한

수학산 공동묘지를 빠져나갈 거야.

"진지한, 너와 너희 아빠 진수재는 내게 고통을 안겨 주었어. 너희 둘 때문에 나는 살아서도, 죽어서도 일등을 할 수 없어."

아빠 이야기가 나오자 지한이는 깜짝 놀랐어.

"삼십 년 전, 밝은빛국민학교에서 나를 이등으로 몬 아이가, 그 이기적인 일등이 진수재 바로 네 아빠야. 진수재가 한 번만이라도 일등을 놓쳐 줬다면 내가 이렇게 일등에 한이 맺힌 이등 유령이 되지 않았을 거야. 널 납치하지도 않았을 거야. 이건 다 진수재, 너희 아빠

탓이야."

"말도 안 돼. 그게 왜 우리 아빠 탓이야?"

지한이가 소리쳤어.

"흥! 이번에도 내가 일등을 하지 못한다면, 그건 네 탓이지. 그러니까 난, 널 살려 둘 수 없어."

유일등의 눈이 점점 더 벌게졌어. 얼굴도, 몸도 점점 더 벌게지더니 붉은 불덩이로 변했어. 휙! 바람 소리와 함께 불덩이가 지한이의 손을 낚아챘어. 내가 어떻게 해 볼 새도 없었어.

"내 친구를 놔줘."

"일등아, 그 아이를 놔주고. 엄마한테 와, 응?"

아줌마 유령이 유일등에게 날아갔어. 아줌마 유령은 뜨거운 불덩이가 된 유일등을 끌어안으려 했어.

"저리 비켜요. 지금 날 만지면 엄마도 녹아 버릴 거예요. 유령으로서의 삶도 끝장이라고요."

"괜찮아. 우리 아들, 네가 이 끔찍한 불행에서 벗어날 수 있다면 엄마는 어떻게 돼도 상관없어."

"흥! 날 위하는 척하지 말아요. 일등이 아니면 안 된다고 이름까지 일등으로 지어 놓고 이제 와서 사랑하는 척하지 말라고요. 난 아직 일등이 아니니까. 하지만 곧 일등이 될 거예요. 이 녀석만 사라지면. 하하하하핫!"

악! 나는 두 손으로 눈을 가리고 말았어. 불덩이 유일등에게 잡힌 지한이를 도저히 볼 수 없었거든.

"오! 우리 아들, 일등아. 우린 네게 일등을 하라고 일등이라고 지은 게 아니야. 자, 이 암호 편지를 좀 보렴. 네가 태어났을 때 네 아빠는 영국에서 공부를 하던 중이었단다. 당장 너를 보러 올 수 없는 사정이 생겨서 이 암호 편지를 보내 네 이름을 짓게 했지."

이연이 아줌마 유령은 는 손바닥에서 오래된 편지를 하나 꺼냈어.

편지를 읽은 유일등의 표정이 더욱 나빠졌어.

"이게 뭐예요? 내가 엄마 아빠한테 동물이란 말이에요? 느림보 거북 뭐, 이런 거라고요? 그것밖에 안 돼요?"

지한이가 유일등의 손에서 편지를 뺏었어. 지한이는 편지를 쓱 훑어보고 말했지.

"치타는 동물 중에서 제일 빠른 동물이야. 일등이라고. 흰긴수염고래는 제일 무거워. 무거운 순서로 일등이지.

장수거북은 거북류 중에서 일등으로 몸집이 크고……. 그러니까 이 암호 편지는 네가 너희 부모님께 가장 소중한 존재, 일등이라는 뜻 아닐까?"

"맞아. 그래서 네 이름을 일등이라고 지은 거야."

아줌마 유령은 일등이에게 다가갔어.

"거짓말. 엄마는 지금도 지한이 편을 들잖아요. 지한이가 일등이니까. 엄마는 일등만 좋아하니까."

유일등은 억지를 부렸어. 그런데 그 모습이 왜 안쓰러워 보일까?

"엄마에게 일등은 언제나 너야. 네가 공부로 몇 등을 하든 상관없어. 이리 와, 우리 아들. 엄마가 정말 사랑해."

이연이 아줌마 유령은 불덩이가 된 일등이를 끌어안았어. 일등이는 아줌마 유령의 품에서 벗어나려고 몸부림을 쳤어. 불덩이가 더 활활 타올랐지. 아줌마 유령의 몸도 다 타 버릴 만큼. 옆에 선 지한이의 얼굴이 벌겋게 익을 만큼.

하지만 아줌마 유령은 일등이를 놓지 않았어. 더 꼭 껴안고 눈물을 흘렸어. 눈물이 불덩이 같은 일등이의 몸에 뚝뚝 떨어졌어. 그러자 놀라운 일이 벌어졌어. 활활 타오르던 일등이의 불길이 잦아드는 거야. 곧 훌쩍거리는 소리가 났어. 일등이가 엄마 품에서 울음을 터트렸어.

아무리 못되게 굴어도 유일등은 엄마의 사랑을 그리워하는 어린 아이일 뿐이었어.

내 눈에도 눈물이 핑 돌았어. 나는 눈물을 훔치며 일등이를 바라보다가 문득 정신을 차렸어. 그리고 살금살금 일등이 곁으로 다가가 지한이 손을 낚아챘어.

"괜찮아?"

"응."

우리는 손을 꼭 잡고 집으로 돌아왔어. 돌아올 때는 암호 지도도, 이상한 버스도 필요 없었어. 그냥 집에 와 있더라고.

그나저나 우리가 수학산 공동묘지에서 며칠을 보냈는지 모르겠어. 기말고사는 이미 끝났겠지? 에이, 내 실력을 뽑낼 절호의 기회였는데 아깝다. 하지만 시험은 안 보면 안 볼수록 좋은 거 아니겠어? <u>흐흐흐</u>.

그림 속에 숨겨진 암호를 찾아라

그림 암호는 그림 속에 의미 있는 메시지를 숨기는 거야.
이 초대장에는 어떤 암호가 숨어 있을까?

내 생일에 우리 집에서 만나자.

| 8월의 크리스마스 | 13일의 금요일 | 오션스일레븐 |

생일 파티의 날짜와 시간은 초대장에 숨은 암호를 풀어야 알 수 있어. 영화 제목을 잘 살펴보면 생일 파티는 '**8월 13일 11시**'야.

17

수학 유령이 남긴 마지막 암호

다음 날 아침, 나는 일찍 집에서 나왔어. 얼른 학교에 가서 유일등이 정말로 사라졌는지 확인하고 싶어서 참을 수가 없었거든. 탐정 유령도 연신 하품을 하며 나를 쫓아왔지.

"더 자도 되는데 왜 따라와요?"

"당연한 거 아니야? 난 널 보호하러 온 탐정 유령이잖아."

"쳇, 내가 어제까지 공동묘지에서 고생할 때

혼자만 돌아다녀 놓고선. 대체 뭐 했어요?"

지난 일을 따지는 건 치사하지만, 따질 건 따져야지. 그래야 마음속에 응어리가 없지.

"뭘 다 알려고 그래?"

탐정 유령은 능청을 떨었어. 말 안 해 줘도 짐작하고 있다고요.

"수학자들의 공동묘지에 몰래 탐정 유령님 묘비 만든 거 아니에요?"

탐정 유령의 눈이 똥그래졌어.

"그렇게 놀라지 말아요. 탐정 유령님의 속마음에 암호를 꽁꽁 걸어 놔도 난 다 풀 수 있다고요."

나는 쌀쌀맞게 말했어. 그런데 탐정 유령의 얼굴이 환하게 빛나는 게 아니겠어? 얼굴 가득 미소까지 짓고 말이야.

"천재야, 그 말은 너랑 나랑 절친이라는 뜻? 지한이가 좋아, 내가 더 좋아?"

탐정 유령은 징그럽게 얼굴을 들이밀었어. 나는 꽥꽥 소리를 지르며 학교로 도망갔지.

교실에 도착하자마자 유일등이 앉았던 자리에 앉아 보았어. 책상 위에는 분홍색 공책과 보라색 필통이 있었어.

공책에는 '정민지'라고 예쁜 글씨로 또박또박 쓰여 있었지. 유일등이 사라지고 민지가 제자리로 돌아온 게 분명해.

"안천재! 내 자리에서 뭐 해?"

민지가 교실로 들어오다가 나를 보고 물었어. 모든 게 예전으로 돌아온 것 같지만 확인해 봐야지.

"어, 민지야. 일찍 왔네? 나는 그냥 자리가 좀 헷갈려서……. 미안. 근데 여기 유일등 자리 아니니?"

"유일등? 그게 누군데?"

"어, 모르면 됐어."

나는 얼른 민지 자리에서 일어났어. 히힛, 저절로 웃음이 나왔어.

"다른 사람이 내 자리에 앉으면 나, 시험 잘 못 보는데."

민지가 투덜거리며 자리에 앉았어. 엥? 시험이라고? 나는 깜짝 놀라 민지에게 물었어.

"뭐? 시험? 오늘이 시험 날이라고?"

"응. 오늘이 기말고사 날이잖아."

"말도 안 돼. 수학자들의 공동묘지에 그렇게 오랫동안 있었는데 아직 하루도 안 지났단 말이야? 시험공부는 하나도 못 했는데."

곧 지한이가 교실로 들어왔어. 나는 지한이를 화장실로

끌고 갔지.

"지한아, 유일등은 정말로 사라졌어. 근데 오늘이 기말고사 날이래. 우리 되게 오래 고생한 것 같은데 시간이 하루도 안 지난 거 있지?"

지한이가 이상한 눈빛으로 나를 쳐다보았어.

"천재야, 지금 무슨 얘기 하는 거야? 유일등이 누구야?

우리가 무슨 고생을 했는데?"

아! 지한이도 민지처럼 다 잊었구나. 지한이는 유일등과 있었던 지난밤의 일을 다 잊었어. 모두가 제자리로 돌아왔구나. 그런데 왜 나만 유령에 대한 기억을 가지고 있지? 나는 주위를 둘러보았어. 탐정 유령이 손가락으로 브이(V)를 그리고 있었어.

"넌 유령의 절친이니까. 절대로 나를 잊으면 안 되지."

아우, 정말! 내 인생을 끝까지 유령과 함께하란 말이야!

어떻게 시험을 봤는지 모르겠어. 국어, 영어, 사회, 과학 모두 너무 어려웠거든. 마지막 수학 시간에만 숨통이 좀 트였지. 탐정 유령을 만난 뒤로 이상하게 수학을 잘하게 되었으니까. 나는 수학 문제를 끝까지 차분하게 풀었어.

마지막 문제를 풀고 연필을 탁 놓았을 때 상쾌한 기분이 들었지.

'천재는 99퍼센트의 노력으로 이루어진다고 했던가? 그럼 마지막으로 검산 한번 해 볼까?'

나는 답을 맞게 썼는지 꼼꼼하게 검토해 보았어. 그런데

이런! 다시 보니까 마지막 문제를 안 푼 거 있지? 나는 다시 연필을 들었어. 마지막 문제는 암호 문제였어. 암호 문제야말로 내 전문 분야 아니겠어?

〈문제: 힌트를 이용해 아래 좌표의 암호를 해독하시오.〉

힌트: 45 35 12 43 51 15 55 32 21

	1	2	3	4	5
5	탐	요	를	나	정
4	중	신	깨	한	인
3	괴	도	주	지	우
2	잊	영	유	승	해
1	친	령	귀	국	마

나는 연필로 마지막 문제의 정답을 적었어. 또박또박.

나를잊지마탐정유령

선생님은 탐정 유령을 모를 텐데 어떻게 이런 문제를 냈지? 혹시 탐정 유령이 장난친 거 아닐까? 아무튼 나는 정답! 이 완벽한 답안지를 내면 기말고사도 끝이야.

　나는 연필을 탁 내려놓았어. 그 순간 아주 잠깐 눈앞이 깜깜해졌어. 나는 두 손으로 얼굴을 가리고 눈을 비볐지. 눈앞에 번쩍번쩍 빛이 지나갔어.
　"다 푼 사람은 놀지 말고 다시 검토해 봐."
　선생님이 말했어. 나는 다시 한번 답안지를 훑어보았어.
　그런데 답안지 맨 마지막 여백에 '나를 잊지 마 탐정 유령'이라고 적혀 있는 게 아니겠어? 탐정 유령? 이게 뭐야? 내가 언제 답안지에 낙서를 했지? 그것도 이렇게 유치한 낙서를.

　나는 지우개로 낙서를 박박 지웠어. 그런데 낙서 글자가 하나씩 지워질 때마다 이상하게 마음 한구석이 조금씩

허전해졌어. 뭔가 잃어버린 느낌이 들었지. 그게 뭐냐면 소중한 추억 같은 거 말이야.

그때 수업 종이 울렸어. 와! 나는 소리를 질렀어. 불행 끝 행복 시작! 이제 신나는 여름 방학이 시작되는구나!

좌표 암호 해독하기

힌트: 45 35 12 43 51 15 55 32 21

	1	2	3	4	5
5	탐	요	를	나	정
4	중	신	깨	한	인
3	괴	도	주	지	우
2	잊	영	유	승	해
1	친	령	귀	국	마

좌표란 평면이나 공간에서 어떠한 점의 위치를 나타내는 수의 짝을 말해.
좌표에서 45는 가로의 4와 세로의 5가 만나는 지점의 글자인 '나'를 말하고, 35는 '를'이라는 것을 알 수 있어.
이렇게 해독한 암호문은 **'나를 잊지 마 탐정 유령'**이야.

에필로그

일등이 이등이야?
이등이 일등이야?

엄마는 내가 기말고사에서 이등을 한 선물로 친구들과 함께 놀이공원에 보내 주었어.

주리는 유령이 나오는 공포의 집 앞에서 한껏 들떴어.

"진짜 유령을 만나면 얼마나 좋을까?"

"진짜 유령은 없어."

물론 지한이는 찬물을 끼얹었었고.

어휴, 알았어. 이 공포의 여왕과 과학자야. 나는

투덜거리며 유령의 집으로 들어갔어. 철커덩 철문 닫히는 소리와 함께 앞서 걷던 친구들이 어둠 속으로 사라졌어.

가짜 유령이지만 유령이 득시글대는 곳에 혼자 떨어져 있긴 싫은데. 그때 눈앞에 둥실둥실한 유령의 얼굴이 쑥 나타났어. 하마터면 부딪힐 뻔했지 뭐야.

"아유, 깜짝이야. 이렇게 가까이 오면 어떡해요?"

나는 한 손으로 유령을 밀치며 지나가려고 했어.

"정말 날 잊은 거야? 잊지 말라는 암호를 푸는 순간 나를 잊게 만들었지만 그래도 좀 서운하네."

유령은 나를 졸졸 따라오며 물었어.

"혹시 일등 못 봤어?"

"지한이 말이에요?"

"아니 일등이."

"일등이 지한이잖아요."

"알아. 난 이등을 물어보는 거야."

유령의 탈을 쓴 멍청한 형은 계속 알쏭달쏭한 말만 했어. "내가 직접 찾아봐야겠다. 잘 가, 절친. 사랑한다, 쪽!"

으웩. 하마터면 토할 뻔했어. 뭐야, 가짜 유령이 손님한테 뽀뽀를 하다니. 난 유령의 집을 빠져나가려고 들어왔던 쪽으로 달려갔어.

"천재야, 안천재!"
뒤에서 사람 목소리가 들렸어. 뒤를 돌아봤는데 처음 보는 사람, 아니 유령이었어.

"나야 나, 일등."

"일등은 지한인데."

"맞아, 걔가 일등이지. 나도 이제 질투 안 해. 난 이등."

"이등은 난데."

"그래. 난 일등이야."

"일등은 지한이라니까요."

뭐야, 여기 유령들은 하나같이 말도 안 되는 말꼬리나 잡고. 이 이상한 유령 소굴에서 당장 나갈 테야.

"네 덕분에 엄마를 만나 잘 지내고 있어. 지한이에게도 안부 전해 줘. 내가 직접 나타나면 놀랄까 봐……."

아악! 난 두 손으로 귀를 막고 유령의 집에서 달려 나왔어. 주리와 지한이가 기다리고 있었어.

"이 유령의 집 완전 이상해. 가짜 유령들이 진짜

유령인 척하며 막 말을 걸고……. 안 그래?"

"진짜, 진짜? 유령의 집 가짜 유령이 사실은 진짜 유령이라고? 와! 천재야, 이거 내 유령 책에 써도 되지?"

주리는 재미있다며 팔짝팔짝 뛰었어. 어휴, 뭐든지 쓰라고. 툭 하면 내 꿈에 나타나는 유령들도 다 소개시켜 줄게. 나는 한숨을 푹 쉬며 하늘을 올려다보았어. 뭉게뭉게 구름들이 꼭 유령들의 얼굴처럼 보였어. 아줌마 유령, 이등 유령, 탐정 유령, 요정 유령……. 뭐야, 내가 왜 저 유령들의 이름을 다 알고 있는 거지? 나, 유령이랑 너무 친한 거 같아. 이러다 유령 나라에서 열리는 수학경시대회에도 나가는 거 아니야?

명탐정 셜록 홈즈가 사용한 암호 해독법

명탐정 홈즈는 어느 날 춤추는 사람이 그려진 편지를 받았다. 홈즈는 그 그림이 암호라는 것을 단번에 알아챘다.

홈즈는 이 그림에서 가장 자주 나오는 ✗ 그림을 영어 알파벳 중에서 가장 자주 나오는 철자인 e라고 생각했다. 그 뒤 춤추는 사람 암호를 더 많이 모은 뒤 ✗ 그림을 e라고 생각하여 단어를 짐작한 뒤 암호를 해독했다.

이 방법은 어떤 숫자, 알파벳, 기호 등이 얼마나 자주 쓰이는가를 세어서 암호를 해독하는 방법이다. 각 나라의 언어에서 어떤 알파벳이 자주 쓰이는지 알고 있다면, 의외로 암호를 쉽게 해독할 수 있다. 영어, 프랑스 어, 독일어, 이탈리아 어, 스페인 어에서는 e가 가장 많이 쓰이고, 포르투갈 어는 a가 많이 쓰인다. 따라서 영어로 쓰인 암호문에 q가 많이 나온다면 q를 e로 바꾸어 풀어 보는 것이 암호 해독의 첫 번째 열쇠일 수 있다.

초등 수학 교과 연계표

수학 개념	본 책	관련 단원	
		학년-학기	단원
거울 문자	15p		수학 상식
다양한 암호들	31p, 32p, 33p, 112p, 113p, 121p, 131p, 151p		수학 상식
대응	32p, 33p	5-1	3. 규칙과 대응
등차수열	43p	4-1	6. 규칙 찾기
마방진	58p, 61p		창의 수학
소수	22p, 23p		중고등 수학
수표	61p	4-1	6. 규칙 찾기
수학자-앨런 튜링	93p		수학 상식
완전수	83p	5-1	2. 약수와 배수
전치 암호	112p, 121p	2-2	6. 규칙 찾기
정다각형	150p	4-2	6. 다각형
좌표	177p	4-2	5. 꺾은선 그래프
집합	103p		중고등 수학
쪽매맞춤(테셀레이션)	150p	3-1	2. 평면도형
친화수	106p	5-1	2. 약수와 배수
파스칼의 삼각형	139p		중고등 수학
팔란드롬 수(거울수)	161p		수학 상식
풀린 매듭(원형 매듭)	51p		창의 수학
피보나치 수열	139p	4-1	6. 규칙 찾기
한붓그리기(수학자-오일러)	131p		중고등 수학
4색정리(4색문제)	92p		수학 상식